Bian Zhu
Wu Pengcheng

武鹏程 ◎ 编著

HAI YANG SHI JIAN
影响历史的
海洋事件

非凡
海洋
Fei Fan Hai Yang

海洋出版社
北京

图书在版编目(CIP)数据

影响历史的海洋事件 / 武鹏程编著. —— 北京：海洋出版社，2025.1. —— ISBN 978-7-5210-1362-7

Ⅰ.K109

中国国家版本馆CIP数据核字第20247SE763号

非凡海洋大系
影响历史的海洋事件
YINGXIANG LISHI DE HAIYANG SHIJIAN

总 策 划：刘　斌	总 编 室：（010）62100034
责任编辑：刘　斌	网　　址：www.oceanpress.com.cn
责任印制：安　淼	承　　印：保定市铭泰达印刷有限公司
排　　版：海洋计算机图书输出中心　申彪	版　　次：2025年1月第1版
出版发行：海洋出版社	2025年1月第1次印刷
地　　址：北京市海淀区大慧寺路8号	开　　本：787mm×1092mm　1/16
100081	印　　张：13.75
经　　销：新华书店	字　　数：264千字
发 行 部：(010) 62100090	定　　价：68.00元

本书如有印、装质量问题可与发行部调换

前　言

　　无畏的航海家凭借着勇气和信心，乘船出海，踏上征服未知海域的航程。他们中的迪亚士发现了好望角，找到了走向东方的关键；哥伦布发现美洲，开启了波澜壮阔的大航海时代；麦哲伦环球航行，证明了地球是圆的这一事实；甚至还有潜逃在外的"罪犯"埃里克，在格陵兰岛上烙下了人类的印迹……

　　伴随着对海洋无限的好奇，科学家们依靠坚毅的决心和锲而不舍的精神，一次次刷新了人类对海洋的了解。富尔顿·罗伯特发明了"克莱蒙特"号，用蒸汽机驱动轮船，开启了轮船时代；多佛尔海峡海底电缆的铺设，实现了人类跨海通信的突破；海尔曼·安休茨在我国司南的基础上研制出陀螺罗经，帮助船只顺利地航行于大海之上，甚至为导弹、飞机确定导航目标……

　　一场场波澜壮阔的海战，更是对人类历史产生了难以估量的影响，这些海战中有雅典以少胜多战胜波斯的萨拉米斯海战，保护了西方文明，也使雅典成为地中海海洋霸主；有基督教国家成功阻击奥斯曼帝国西进脚步的勒班陀海战，结束了旧式桨船时代，开启了风帆战舰和炮舰的时代；还有导致西班牙无敌舰队覆灭的格拉沃利讷海战，开始了英国长达几百年的海洋霸权时代……

　　除此之外，本书还介绍了一些鲜为人知的海洋事件，比如由东征的十字军带回欧洲的黑死病，夺走了欧洲1/3人口的性命，还对后期文艺复兴、宗教改革产生影响，改变了欧洲文明发展的方向；还有马汉的《海权论》，影响了近现代许多国家的海权战略，缔造了像美国这样的新一代海洋霸权国家……

　　海洋深刻地影响着人类历史，海洋也在每时每刻改变着世界。人类文明史也是一部海洋文明史，是人类与海洋互相影响的历史。

目 录

Chapter 1
探索发现事件

腓尼基人的旅行 / 2
——远涉非洲的探险

徐福东渡 / 5
——中国文化传入东亚

北欧海盗发现格陵兰 / 7
——人类开始进入冰雪世界

莱夫·埃里克松的探险 / 9
——欧洲人第一次踏上北美大陆

马可·波罗来到中国 / 10
——打开东方神秘之门

郑和下西洋 / 12
——东西方第一次跨海文化交流

迪亚士发现好望角 / 15
——走向东方的关键

哥伦布发现新大陆 / 16
——大航海时代到来

达·伽马首航印度 / 19
——打通印度航线

发现巴西 / 22
——欧洲人殖民南美大陆的开端

麦哲伦的航海之旅 / 24
——世界上第一次成功的环球航行

白令的探险 / 27
——探索北极

发现西北航道 / 29
——北极航道的开辟

库克船长探险记 / 31
——三下太平洋

威尔克斯的探险 / 35
——描绘南极大陆

罗伯特·皮尔里的北极之行 / 36
——人类到达北极点
罗尔德·阿蒙森的探险之路 / 38
——人类到达南极点
发现土豆 / 42
——影响世界的粮食
发现橡胶树 / 46
——推动战争的树
发现玉米 / 50
——粮食霸主
发现辣椒 / 53
——冒牌胡椒
发现烟草 / 55
——从圣药到毒药
发现可可豆 / 59
——价超黄金的饮料

Chapter 2
科技更迭事件

维京龙头船 / 64
——维京人的辉煌
克拉克帆船 / 65
——地理大发现时代功臣
西班牙大帆船 / 66
——西班牙海上霸权象征
"大亨利"号 / 69
——世界上第一艘"军舰"
盖伦船 / 72
——英国海军的崛起
墨卡托投影 / 73
——航海新技术
龟船 / 75
——最古老的铁甲船之一

"克莱蒙特"号轮船 / 78
——蒸汽船走上历史舞台
"安·玛金"号的试航 / 81
——飞剪式帆船开始服役
"光荣"号的试航 / 83
——开启蒸汽装甲舰的时代
"勇士"号战列舰 / 84
——世界上第一艘装甲战列舰
"莫尼特"号与"弗吉尼亚"号的对抗 / 86
——开启了现代军舰新时代
改造"派洛特"号 / 89
——世界上第一艘破冰船

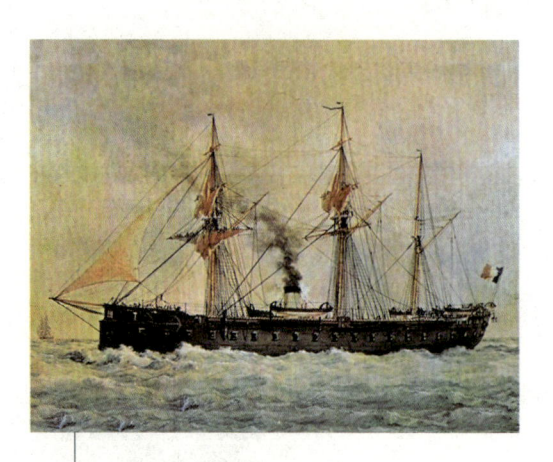

多佛尔海峡的海底电缆 / 101
——世界上第一条海底电缆铺设成功
陀螺罗经 / 103
——司南的变形
木兰石油公司 / 105
——世界上第一次海上开采石油作业
日本青函隧道的通行 / 107
——世界上第一条海底隧道
气垫船的诞生 / 108
——2小时5分钟横跨英吉利海峡的航行
雅克·皮卡德潜入马里亚纳海沟 / 109
——人类进入深海探索
发现海底黑烟囱 / 111
——解码海洋生命奥秘
海底可燃冰的开采 / 112
——21世纪新能源
海王星海底观测网的建成 / 114
——进入海底实时监测时代

"霍兰"号的成功 / 91
——现代潜艇出现在历史舞台
"无畏"号战列舰下水 / 93
——大舰巨炮的巅峰时代
改装"暴怒"号 / 96
——世界上第一艘航空母舰
"鹦鹉螺"号 / 99
——世界上第一艘核动力潜艇

Chapter 3
海战影响事件

萨拉米斯海战 / 116
——改变东西方世界格局的海战
亚历山大东征 / 119
——促进东西方的交流
罗马人与腓尼基人的海战 / 122
——罗马海军诞生
亚克兴海战 / 125
——埃及灭亡，走向罗马帝国时代
阿尔弗雷德一战成名 / 128
——第一支英国海军舰队
诺曼人征服英格兰 / 130
——大不列颠岛上的民族融合

十字军东征 / 133
——威尼斯的发迹
崖山海战 / 136
——南宋灭亡

基奥贾海战 / 138
——威尼斯稳固东地中海霸权
君士坦丁堡的陷落 / 141
——东罗马帝国的终结
第乌海战 / 144
——葡萄牙获得印度洋制海权
普雷韦扎海战 / 146
——奥斯曼帝国称霸东地中海
勒班陀海战 / 148
——最后一次古典式海战
无敌舰队的覆灭 / 150
——英国海洋霸权的开始
唐斯海战 / 153
——荷兰接棒西班牙海洋霸权
露梁海战 / 155
——决定朝鲜 200 年和平
莫尔穆加奥海战 / 158
——荷兰接棒印度洋制海权
比奇角海战 / 159
——法兰西帝国称霸北大西洋
特拉法尔加海战 / 162
——英国近代海战战术的开端
黄海海战 / 164
——日本夺取黄海制海权
美西战争爆发 / 166
——开启美国超级大国之路

对马海战 / 169
——诱发俄国十月革命
日德兰海战 / 172
——结束了战列舰为主力舰的历史
日本偷袭珍珠港 / 175
——改变"二战"走向的关键事件
空袭东京 / 177
——日本战败的初现
珊瑚海海战 / 179
——第一次航母对决
中途岛海战 / 182
——太平洋战争的转折点
诺曼底登陆 / 187
——开辟欧洲第二战场

Chapter 4 其他事件

雅典海上权力的崛起 / 192
——成就了希腊大陆长久的和平
指南针传入欧洲 / 195
——指引地理大发现
威尼斯兵工厂 / 197
——威尼斯海上霸权的强力孵化器
海上丝绸之路 / 199
——黄金航线
海上奴隶贸易 / 201
——非洲黑人的血泪史

黑死病横行 / 204
——十字军带回的灾难
詹姆斯·林德用橙子治好坏血病 / 207
——改变航海史
《海权论》的出版 / 209
——谁控制海洋，谁就控制了世界
摩纳哥海洋博物馆 / 211
——世界上第一座海洋博物馆
"瓦德兹"号油轮的灾难 / 212
——最严重的海洋原油污染

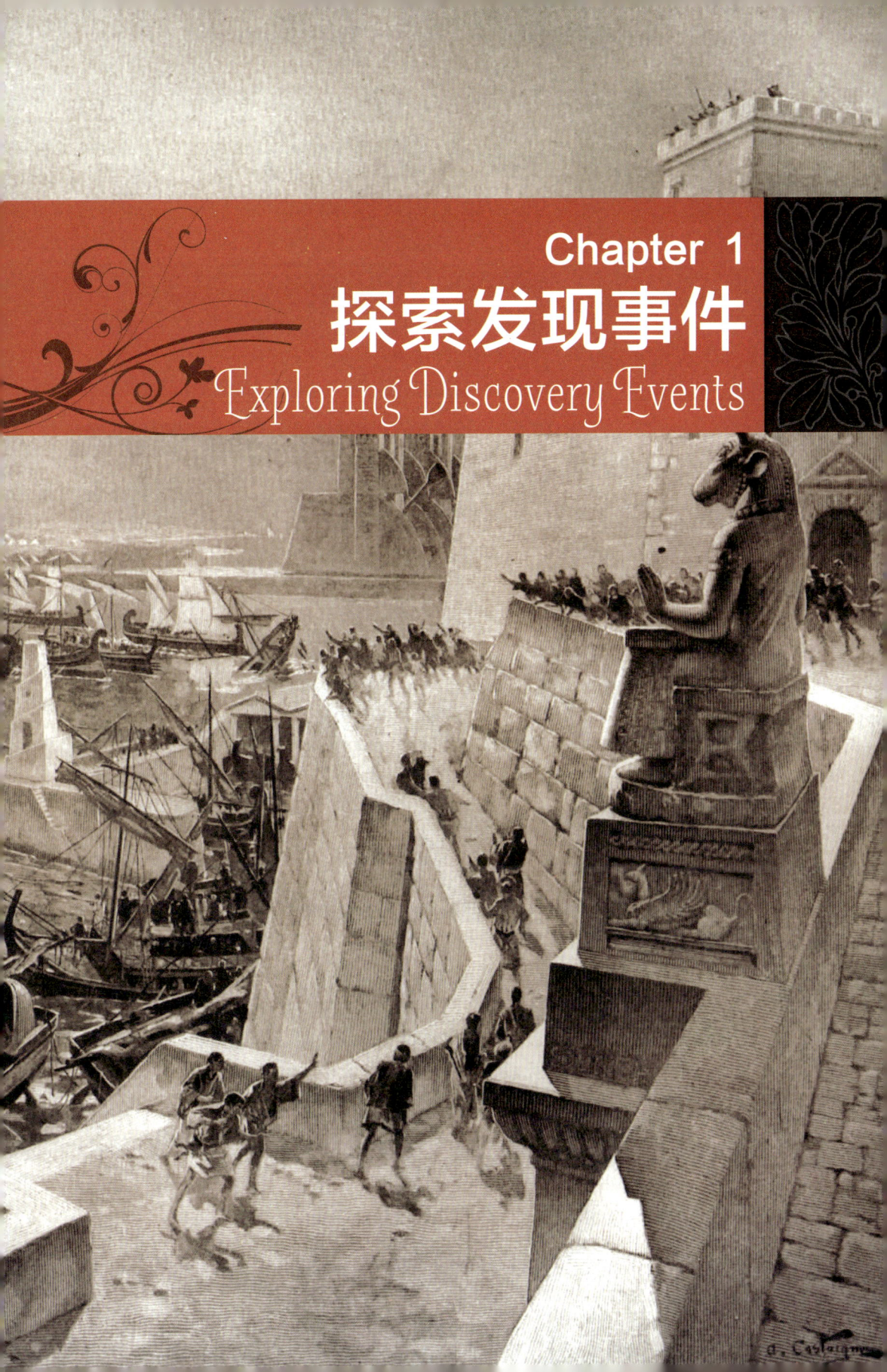

Chapter 1
探索发现事件
Exploring Discovery Events

腓尼基人的旅行
远/涉/非/洲/的/探/险

腓尼基人是一个古老民族，生活在今天的叙利亚和黎巴嫩沿海一带，他们拥有先进的贸易意识和精良的航海设施，利用发达的航海业建立了最早的地中海霸权。

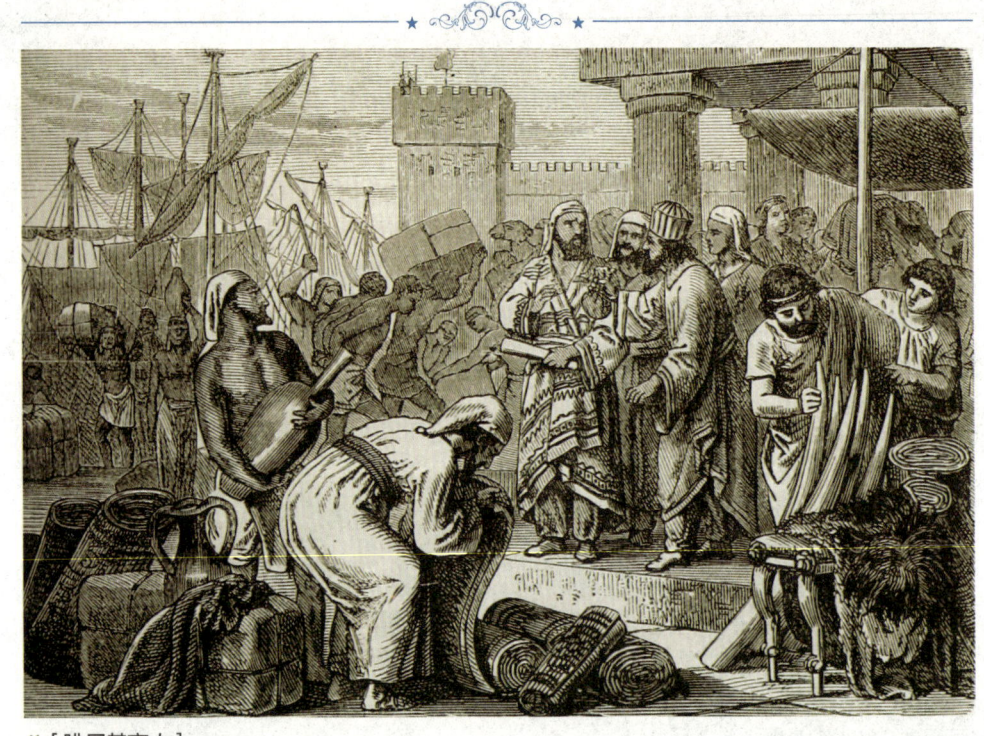

[腓尼基商人]

腓尼基的历史大致可以分为两个阶段，第一阶段称为埃及时代，约公元前2800—公元前1200年；第二阶段是腓尼基的兴盛时期，即公元前1200—公元前800年。在第一阶段，腓尼基在政治上主要受埃及的控制，埃及时代最先发展起来的城邦是腓尼基北部的杰巴尔。公元前2000年，西顿城发展起来，公元前1200年，推罗城得以强大起来。第二阶段，由于埃及和克里特的衰弱，腓尼基得以独霸地中海。

腓尼基并非指的一个国家，而是整个地区。腓尼基从未形成过统一国家，城邦彼此林立，以推罗、西顿、乌加里特等为代表。公元前10世纪—公元前8世纪是腓尼基城邦的繁荣时期。

无与伦比的航海技术

腓尼基人居住的地方背靠黎巴嫩山，面朝地中海，没有适宜耕作的土地，所以只能另辟蹊径，这也是他们在航海方面有着非凡的才能和胆识的原因。在当时相当原始的物质条件和技术条件下，凭借着经验，加上从埃及和苏美尔人那里学到的造船工艺，腓尼基人制造出了可搭载3～6人靠桨划行的船。

远涉非洲的探险

腓尼基人就是乘着这样的小船，怀揣坚定的决心，航行到地中海的每一个港口，与不同的人们做着各种各样的交易。在北非至今还流传着这样一个故事：

故事讲述的是古埃及的法老尼科与几个腓尼基人的对话。尼科道："你们腓尼基人自称最善于远航，真是如此吗？你们要说'是'，那么现在你们就进行航行，从埃及出发，沿海岸线一直向前，要保证海岸总在船的左侧，最后回到埃及来见我。到时候我有重赏，如果你们觉得做不到，就实说，我也不惩罚你们，只是以后不要妄自吹嘘善于远航了。"

众所周知，要保持海岸一直在船的左侧，就必须沿着大海一直航行，甚至围绕整个大海转一圈，这要冒很大风险，尼科觉得腓尼基人不会真的去做。

出乎意料，这几个腓尼基人真的去做了，他们远航后便渺无音讯，尼科以为这几个腓尼基人早已葬身鱼腹。不料，

❦ [腓尼基海军围攻提尔城]

❦ 腓尼基人绕行非洲的路线是从红海出发南下，绕过好望角，后经直布罗陀海峡进入地中海返回出发点。若果真如此，腓尼基人要比葡萄牙航海家环绕非洲的航行早了1000多年。

❦ 迦太基是腓尼基人于公元前813年，通过移民方式在北非建立的，其后发展很快，至公元前6世纪时已成为与罗马帝国争夺西部地中海贸易控制权的一个商业重镇。由于迦太基拥有较为雄厚的航海力量和物质基础，腓尼基人将它作为远航探险的基地。

[迦太基城遗址]

今天看到的迦太基城残存的遗迹多数是在罗马人占领时期重建的。从残存的剧场、公共浴室和渡槽等遗迹可知当时工程之浩大、设计之精确。1978年，联合国教科文组织将迦太基城遗址列入第一批"世界文化与自然遗产"的名单中。

3年后这几个腓尼基人真的回到了埃及，而且海岸真的依旧在船的左侧。尼科开始并不相信他们，在腓尼基人向他讲述了沿途见闻，并献上沿途收集到的奇珍异宝后，尼科终于相信了。

据说这几个与尼科打赌的腓尼基勇士，绕行了非洲。如果真是那样，这简直是人类航海史上的一次壮举。因为当时欧洲人认为大西洋是世界的尽头，没有人能穿越直布罗陀海峡，但是腓尼基勇士做到了。

腓尼基人穿越直布罗陀海峡

腓尼基人有着优秀的手工业，他们制造出一种红紫色的染料，颇受地中海沿岸的居民喜爱，所以销路一直很好。这些染料远销海外，而且并不局限于地中海，他们曾一度穿过直布罗陀海峡，进入大西洋。至今，还有一个名为美尔卡尔塔的地方，它就是以腓尼基神的名字命名的坐标。

腓尼基人建立了属于自己的海洋霸权，垄断了航线和沿海贸易，并在地中海沿岸建立了殖民地，进而发展成强大的城邦国家，比如北非的迦太基（今天的突尼斯）。另外，腓尼基人精良的造船技术，也深深地影响着后来古罗马海军的造船工艺。

> 据说环绕非洲之行的腓尼基航海家叫汉诺。他曾记录下这次航行。据汉诺记载，这支远洋探险船队由60艘船组成，每船各配50只桨，水手共有30 000人。汉诺还记述了当时远航船队沿途到达的一些地点，以及他们在海上遇险的一些经历。

徐福东渡

中/国/文/化/传/入/东/亚

徐福东渡的事件最早见于《史记》记载，在2000多年以前，徐福就率领数千人组成的船队远航海外，这是中国航海史上的一大壮举。

[徐福雕像－山东威海]

徐福东渡的出海口在我国争议颇多，上图是在山东威海所竖立的徐福雕像。威海作为其中一个港口也有证据支持，但也不乏争议。

徐福是何人？

徐福，字君房，秦代齐郡黄县（今龙口市）人，曾担任秦始皇的御医，后因出海求取仙药而闻名于世。

徐福据说是鬼谷子先生的关门弟子，他博学多才，精通医学、天文、航海等知识。据《史记·秦始皇本纪》记载，他还通晓阴阳五行、修真炼丹等方士之术。

求仙取药是假，出世避难是真

公元前221年，徐福为了帮秦始皇求取长生不老仙药，率领数千名童男童女和工匠东渡前往蓬莱，之后再没有回来……徐福去了哪里？

众所周知，秦始皇非常残暴，徐福作为当世高人，可能是不愿意与秦始皇为伍，想寻找一个躲避暴政的世外桃源。

徐福的老家在山东沿海地区，他自幼对这里的地理环境了如指掌，他在了解到秦始皇追求长生不老的心理后，便假借求仙为名，在精心准备之下，囤积

探索发现事件

[徐福船队 – 图画]

了能在海外生存和发展的丰厚物资，然后组织起数千人的庞大队伍，毅然扬帆东渡，可以说这是一次有组织、有目的的海上大移民。从结果来看，他确实成功了。

徐福去了哪里？

如今颇多的证据指向徐福去了朝鲜半岛和日本列岛。因为从徐福的准备来看，比如说三千余男女、数十艘大海船装满了五谷种子以及各种工匠，说是去海外移民，还真是有道理的。

如果真是如此，徐福的计划是成功的，不得不承认徐福是我国有记载以来的第一位海洋探索人，不仅如此，他还成功地将我国传统文化和生产技术向海外传播，对朝鲜半岛南部和日本列岛的社会发展和进步无疑起到了巨大的推动作用。

> 说起方士，在秦朝时上至士大夫、下至寻常百姓，都希望能从其手中得到一粒"仙丹"。战国时期，卢生、韩终、侯公等方士得到齐威王、燕昭王等国君的信赖，更有许多齐、燕方士入海求取蓬莱仙药，以求与天地同寿、与日月同庚。

> 目前，许多研究者都认为，徐福到达过日本，对日本的发展进程起到了推动作用。如今的日本人将徐福作为他们的先圣崇拜，尊他为"司农神"和"司药神"。在日本的佐贺县堵富町还有一座"徐福之路"公园，每年秋季，佐贺县人都要向供奉在"金王神社"中的徐福敬献"初穗"。

[日本徐福公园]

据说徐福到达日本后，给当地带去了翻天覆地的变化。至今，日本境内还仍保存着不少徐福活动的遗迹，如和歌山县徐福和他的船员七人墓、徐福宫，九州岛佐贺县"徐福上陆地"纪念碑、徐福的石冢、徐福祠等，如今在日本的徐福遗迹不少于 50 处。

北欧海盗发现格陵兰
人/类/开/始/进/入/冰/雪/世/界

格陵兰岛既是地球上最大的岛屿，也是一座大部分面积被冰雪覆盖的岛屿，那里非常寒冷，不太适合人类居住。982年，因杀人罪被逐出冰岛的红发埃里克来到这里，人类的足迹从此开始进入冰雪世界。

格陵兰岛位于北美洲的东北部，在北冰洋和大西洋之间，是世界上最大的岛屿，它的英文名字叫"Greenland"，即绿色土地，这个名字对于这个只有15%的土地没有被冰雪覆盖的岛屿来说，简直就是谎话。事实上，发现格陵兰岛的人，就是想用这个名字骗人来这里居住。

发现格陵兰的逃犯

埃里克本来是挪威人，他脾气火暴，不太遵循规则，经常犯各种错。

公元970年左右，20岁的埃里克因为与人打架，致人死亡，被仇家和政府逼得无处躲藏，埃里克的父亲只好带着他逃到了冰岛。

在冰岛，埃里克的那些旧事没有人知道，也不再被人提及，他还娶了个冰岛姑娘，过上了平静的日子。然而这种枯燥的生活，让埃里克无法忍受，他渐渐恢复了以往的火暴脾气，在冰岛他又连续杀了2人，被当地政府剥夺了公民权，并被驱逐出境，向西流放3年。

[埃里克木版画－冰岛]

科学家们研究发现，格陵兰岛形成于38亿年前，其前身是海底大陆，由于大陆板块碰撞而形成，这一发现使得格陵兰岛一下子成了世界上最古老的岛屿。

探索发现事件

西边哪还有能去的地方呢？埃里克把家里所有的财物，都装进一艘残破的小船里，他带着一家老小，怀着一线希望，无可奈何地往西划去。在经过400海里的航行之后，他发现了一块新大陆，整片陆地上覆盖着厚厚的冰雪。这里虽然被冰雪覆盖，寒冷异常，但是埃里克给这个岛起了个好听的名字"格陵兰"，并在此居住了下来。

"格陵兰"这个意为"绿色土地"的地方，使得大量生活在冰岛的人们，被这个名字诱惑而迁徙到这个荒凉的冰原上。正如埃里克在他的探险日记中所写："假如这个地方有个动人的名字，一定会吸引许多人到这里来。"

格陵兰这个世界上最大的岛屿就这样被一名走投无路的罪犯所发现，它也是世界上唯一一个被罪犯所发现并命名的地区。

[埃里克故居]

早埃里克60年的探险

格陵兰并不像它的名字一样充满春意，那里气候严寒、冰雪茫茫。曾经有一个叫贡比尧恩的挪威人在乘船去冰岛的途中，遇到强风暴，被刮到一个叫不出名的高地，由于有巨大的冰块阻挡，贡比尧恩没能登陆成功，这个岛就是格陵兰，而贡比尧恩错过了发现这个大岛的机会。

格陵兰并不是最适合人类居住的地方，但是随着这座岛被人类征服，人类的脚步开始不断地深入冰雪世界，为继续向北的探险提供了可能。

[格陵兰首府努克]

> 格陵兰是世界上自杀率最高的国家。格陵兰的自杀率是美国的24倍。就算在日本这样一个自杀率较高的国度，每年每10万人中才有51个人自杀，而在格陵兰，这个数字是100人。

莱夫·埃里克松的探险

欧/洲/人/第/一/次/踏/上/北/美/大/陆

莱夫·埃里克松是红发埃里克的儿子，他继承了父亲的事业，依然四处航海探险，是美国正式承认的第一个登陆北美洲的欧洲人。

[莱夫·埃里克松的探险]

莱夫·埃里克松大约出生于公元970—980年，他跟随父亲红发埃里克，探索着格陵兰之外的蛮荒。

莱夫曾到达一个充满平板石的岛屿，他将其命名为赫尔陆兰，意为平石之地，这个地方就是今天加拿大的巴芬岛；接着他又抵达了另一个岛屿，他将之命名为马克兰，意指树岛，马克兰就是今天北美哈德孙湾与大西洋间的拉布拉多半岛。之后，莱夫发现了一个有丰富的水产、气候温和，冬日只有一点霜，而不是冰天雪地的岛屿，他将其命名为文兰，并在此岛居住了很长一段时间。

在莱夫从挪威返回格陵兰的途中，他发现并登上了一块大大的陆地，这就是北美洲。

虽然哥伦布仍然被许多人认为是新大陆的发现者，但是美国却正式承认了莱夫获得这一称号的权利。林登·约翰逊总统1964年在国会一致支持下宣布10月9日为"莱夫·埃里克松日"，以纪念这位踏上北美领土的第一个欧洲人。

马可·波罗来到中国
打/开/东/方/神/秘/之/门

欧洲与中国处在大陆的两端，无论是地理位置还是文明形态都有着巨大的不同。欧洲人对中国的了解最早可以追溯到希罗多德《历史》中记载的时代，而真正的接触是在马可·波罗之后。

对古代欧洲人而言，《马可·波罗游记》是一部介绍中国的标志性作品。许多著名的航海家是这本书的忠实读者，比如哥伦布、麦哲伦等。

根据马可·波罗的说法，他们的商队从威尼斯出发，沿着古代丝绸之路前进，徒步戈壁沙漠，经过罗布泊，到达河西走廊，一共花费了3年多的时间，马可·波罗还到达了元大都，面见了忽必烈。

他到底来没来过中国？

1272年，元朝57岁的大汗忽必烈的军队正在攻打南宋襄阳城，元军使用了一种新型武器——投石机。这种用木头和绳子做的武器能一次将重达200斤的巨石抛掷180米远，可直接摧毁宋军的城墙。依靠这种武器，元军攻入了襄阳城，据《马可·波罗游记》中记载，这种投石机的发明者就是马可·波罗。

事实上，襄阳之战在1273年就结束了，而马可·波罗在1275年才到达中国，

[马可·波罗]

他不可能提前两年来到襄阳，历史上帮助元军制作投石机的是两位阿拉伯人。

像这样的佐证，可以罗列出一堆。越来越多的声音开始质疑马可·波罗的中国之行。怀疑者认为马可·波罗根本没有到过中国；支持者认为马可·波罗来过中国，只是他过分渲染了自己在中国的经历。双方持续争论了700多年，都无法说服彼此。

[《马可·波罗游记》中的插画]

《马可·波罗游记》的影响

抛开真伪不谈，我们不得不说，《马可·波罗游记》这本书在欧洲是一本很好的"中国普及读物"，因为它，欧洲人了解了远在东方的国度；同时，大量探险家不远万里、跋山涉水，用双脚走出了东西方文化沟通的桥梁。

同时代探险见闻对比

在马可·波罗的同时代，还有一位名叫鄂多立克的欧洲人来到过中国。他是以传教士的身份于1322年到达广州的，然后一路北上，沿途经过刺桐城（泉州）、福州、杭州，到达元大都（北京），在那里停留了三年，后经甘肃丝绸之路，于1330年回到欧洲。

鄂多立克将自己的经历整理出版，形成了《鄂多立克东游记》，这本书在欧洲的影响力仅次于《马可·波罗游记》。他在自己的书里写下这样的话："广州是一个比威尼斯大三倍的城市，整个意大利都没有这一个城市的船只多。这里也有比世界上任何地方都大的蛇，很多蛇被捉来当美味食用。"《鄂多立克东游记》里记载的生活细节、行文手法和内容风格都与《马可·波罗游记》类似，也有许多夸张、不实之处，所以，文化的隔阂、描写的失真，是西方游记的通病，并不能成为鉴定真伪的有力证据。

[鄂多立克]

郑和下西洋

东/西/方/第/一/次/跨/海/文/化/交/流

我国第一次大规模的官方出海交流，是明朝永乐年间的郑和七下西洋。

明 朝永乐三年（1405年），一支庞大的船队从江苏太仓刘家港驶出，这支队伍正是郑和的远航船队。这次规模空前的远航，是我国航海历史上最辉煌的一页，也是世界航海交流史上一次最为友好的沟通。

停驻占城国

郑和率领的船队经江苏太仓刘家港集结出海后，驶向福建长乐县（今长乐区）太平港停泊，等候东北季风的到来。时年冬天，郑和率船队从福建闽江口五虎门"起锚远航，张十二帆，顺风十昼夜到占城国"。

占城是郑和访问的第一个国家，位于今天越南的中南部，居民多以捕鱼为生。郑和来到此地后，将带去的耕耘工

[三宝太监郑和]

《自宝船厂开船从龙江关出水直抵外国诸番图》简称为《郑和航海图》，原图呈"一"字形长卷。全图使用中国传统的山水画法，以南京为起点，最远到东非肯尼亚的慢八撒，到南纬4度左右为止，包括亚非两洲，所收地名达500多个，其中亚非诸国约占300个，相当准确地记录了航向、航程、停泊港口、暗礁、浅滩的分布，详细记录了郑和大航海全部航程中开辟的众多新航道，重要的出航地点有20余处，主要航线有42条之多。

[《郑和航海图》部分]

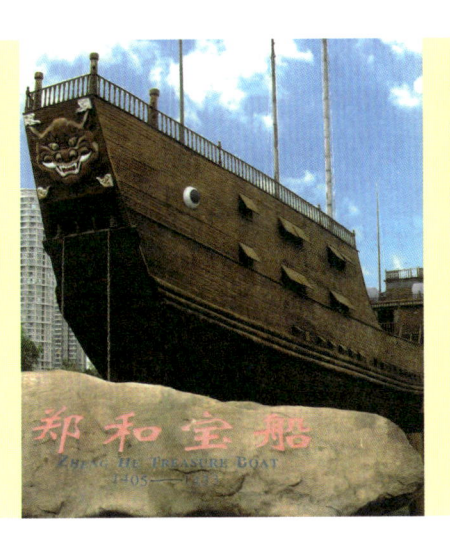

[复制的"宝船"]

据史料记载，在郑和下西洋的船队中，最大的宝船长44丈4尺，宽18丈，载重量800吨。它的铁舵需要二三百人才能举动。按照今天的测量方法来看，这艘宝船长达148米，宽60米。有专家认为，明永乐年间，朱棣施政办公的大殿——奉天殿（太和殿），是当时最大的木结构实体。其大小也不过宽63.96米，深37.20米，高35.05米。而大号宝船上仅船楼的面积就大大超过了它，从封建的宗法礼仪上讲，作为宦官的郑和乘坐似乎有僭越之嫌。此图为按宝船的尺寸复制出来的"宝船"，看上去简直就是一个方盒子，现存的中外船舶绝没有腰身如此之"粗"的。

探索发现事件

具送给当地人民，并派人传授耕种及引水灌溉的方法，使得占城的庄稼由每年成熟一次变成了一年可成熟三次；郑和还送给占城百姓中国的药物种子，帮助占城人培植中国药材；船队能人还教会了占城人制作豆腐、豆腐皮、豆腐干；不仅如此，郑和还教会他们建造有四只脚的屋子，防止潮水涨落而淹没房子。

郑和在占城停留了很长的时间，直到永乐四年（1406年）才扬帆远航，向着他的下一站驶去。

平息爪哇国之乱

离开占城后，郑和的船队到达爪哇岛上的麻诺八歇国，正好遇到了这里的东王与西王之间的战争，郑和的船队也受到了损坏。原本这样的蕞尔小国的诸侯之争，依照郑和的实力，可轻松击败，但郑和以大局为重，不仅平息了麻诺八歇国的战乱，而且未收他们分毫的赔偿，就这样在和平的气氛中向下一站驶去。

赐封宰奴里阿必丁

郑和的船队来到苏门答腊，这里是通

过马六甲海峡的必经之地，贸易盛行。郑和船队到达苏门答腊后，对酋长宰奴里阿必丁正式举行了加封仪式，赐以印绶、彩币、袭衣，进一步加强了明朝与苏门答腊的友好关系。苏门答腊酋长宰奴里阿必丁表示："遂比年入贡，终成祖世不绝。"

首航终点：古里

从苏门答腊出海之后，郑和船队先是经过了锡兰山国（即今天的斯里兰卡），最后到达了这次航行的终点：古里。

古里即今印度卡利卡特，是西洋诸国中较大的国家，也是古代印度半岛西岸最大的商业港口和贸易中心。在这里，郑和向国王沙米宣读了明朝永乐皇帝的敕书，并赐给其诰命银印，同时还赠予大臣们很丰厚的礼品。

郑和与古里友好地接洽，详细地记载在了古里的纪念碑上，该碑文记载：其国去中国十万余里，民物咸若，熙皞同风，刻石于兹，永昭万世。大意就是：这个国家与我的祖国中国有十多万里远，但是民风和物产与祖国相似，生活习惯也都差不多，今天我把这些刻在石头上，使后人永远知道！

郑和船队所到之处，带去的是和平、友好，舰队的庞大规模和强大的战斗力给沿岸诸国留下了深刻印象。郑和的船队回国之后，他所到的海外各国先后派使臣来华高达318次（不包括日本、朝鲜、琉球），其中还有一些国君死后都不愿意回国安葬，而留在中国，这在历史上是罕见的。

❋ [郑和逮回来的麒麟]

据说，郑和在东非的麻林国看到了麒麟，于是就抓了两只麒麟带回了国内，并且提前将这一好消息告诉了明成祖朱棣。回到南京以后，朱棣还曾经亲自到奉天门去迎接这两只预示着祥瑞的异兽，这在当时还引起了轰动。当时看过的人将麒麟画了下来，而这个画作流传至今，现在的我们看了以后终于知道麒麟的样子了，原来当时的麒麟就是现在的长颈鹿。

❋ 郑和七下西洋时间表
第一次，永乐三年（1405年）；
第二次，永乐五年（1407年）；
第三次，永乐七年（1409年）；
第四次，永乐十一年（1413年）；
第五次，永乐十五年（1417年）；
第六次，永乐十九年（1421年）；
第七次，宣德六年（1431年）。

迪亚士发现好望角
走/向/东/方/的/关/键

好望角是非洲大陆最南端的岬角,这里有强劲的风暴,是非常危险的所在。但是为了能够到达印度,迪亚士的船队义无反顾地闯了进去。

15世纪初,大量的东方香料、香水、丝绸、钢铁和药品,成为欧洲抢手的畅销品。《马可·波罗游记》更是让富庶的东方成为当时欧洲人最向往的地方。

欧洲商人为了越过威尼斯和阿拉伯的中间商,直接和东方做生意,开始组织船队寻找东方航线。15世纪下半叶,葡萄牙国王若奥二世曾派遣多支船队出海探险,希望能够探索出一条通向印度的航道。

1487年8月,葡萄牙著名航海家巴尔托洛梅乌·缪·迪亚士,率领一支由3条船组成的探险队,从里斯本出发,希望寻找一条通往马可·波罗所描述的东方"黄金乐土"的海上通道。

迪亚士率船队离开里斯本后,沿着已被他的前几任船长探查过的路线南下。过了南纬22度后,他开始探索欧洲航海家还从未到过的海域。大约在1488年1月初,迪亚士航行到达南纬33度线。1488年2月3日,他到达了今天南非的伊丽莎白港。迪亚士明白自己或许真的能够找到通往印度的航线。为了印证自己的想法,他让船队继续向东北方向航行。3天后,他们来到一个伸入海洋很远的岬角,但是这里的风暴非常强劲,探险队遭遇了前所未有的危险,险些葬身大海。船队在绕过这个岬角后,又向前航行了一段时间,由于食物短缺以及疲惫的船员强烈要求返航,迪亚士不得不返回葡萄牙,在再次经过这个岬角后,迪亚士将它命名为"风暴角",后来被若奥二世改名为"好望角",意为"美好希望的海角",因为这个海角代表着成功开辟东方航线的美好希望。

迪亚士的这次航行虽然未能成功开辟到达印度的航线,但是有力地推动了开辟印度航线的进程,使得欧洲人最东的脚步到达了好望角。

[金币上的迪亚士]

探索发现事件

哥伦布发现新大陆

大/航/海/时/代/到/来

15世纪末，欧洲各国开始经济竞赛，纷纷通过建立贸易航线和殖民地来扩充财富。哥伦布的向西航行到达东印度群岛的冒险性计划，因此得到了西班牙王室的支持。

走捷径的人生

1451年，哥伦布出生于意大利西北部的热那亚地区，他的父亲是纺织工人，也是个信奉基督教的犹太人。青年时期的哥伦布从事过许多不同的职业。他经历过海难、参加过海战，甚至还见过"长得不一样"的中国人。

哥伦布的人生要从他结婚开始说起，由于受《马可·波罗游记》的影响，年

玉米　西红柿

香料　可可豆

16 | 探索发现事件

轻时的哥伦布就有出海探险的理想。1476年他移居葡萄牙,在这里他和一位家世显赫的姑娘结了婚,借此进入了葡萄牙当时最有名的探险家族。婚后,他成天厮混于码头的酒吧里,打探各种关于东方的消息。

希望打通东西方航道

在当时,顶尖的探险家都会依附于君主,借助他们的权力和资助进行探险活动。而哥伦布并不满足于这样的合作,他四处演说,声称自己要去东方,探寻"满是黄金的国度",一旦成功归来,他们都将成为世界上最富有的人。哥伦布相信地圆说,希望通过航行打通东西方航道,那么东方的瓷器、茶叶和香料就会源源不断地通过海路运到西方世界。

伊莎贝拉一世赏识哥伦布

在婚后的十几年时间里,哥伦布先后向葡萄牙、西班牙、英国、法国等王室请求资助,但是很多人都认为哥伦布是个骗子。

当哥伦布遇到了西班牙女王伊莎贝拉一世后,一切都发生了改变。伊莎贝拉一世非常赏识哥伦布的胆略,甚至不

土豆

橡胶树

烟草

探索发现事件

探索发现事件 | 17

[哥伦布在修道院 - 油画]
此图描绘了哥伦布（右一）及其大儿子（右二）迪戈·哥伦布去修道院的场景。

的航行，他们终于发现了陆地，那里就是美洲的圣萨尔瓦多（哥伦布到死都以为他发现的新大陆是"印度"）。哥伦布先后到达巴哈马群岛、古巴、海地、多米尼加、特立尼达等岛，开辟了横渡大西洋到美洲的航路。哥伦布发现美洲新大陆，是历史上一个重大的转折点，开辟了欧洲殖民的新疆土，欧洲人开始持续不断地向美洲迁移，掀起了人类迁移史上的第三次高潮。

1492—1502 年间，哥伦布在西班牙国王的资助下四次横渡大西洋，到达美洲大陆，此后大西洋两岸间的航路迅速扩展，美洲东海岸和沿海岛屿逐渐被发现，新大陆的轮廓也逐渐呈现。

尽管哥伦布不是第一个到达美洲的欧洲探险家，但哥伦布的航海带来了欧洲与美洲第一次的持续接触，并且开辟了后来延续几个世纪的欧洲探险和殖民海外领地的大时代。这些对现代西方世界的历史发展有着巨大的影响。

惜拿出自己的私房钱，资助他完成对印度航道的开拓与探索。

大航海时代的到来

1492 年 8 月 3 日，奉西班牙统治者伊莎贝拉一世与斐迪南之命，哥伦布率领船队从帕罗斯港起航，经过 70 个昼夜

达·伽马首航印度

打/通/印/度/航/线

从希腊时期开始，印度就一直吸引着欧洲人的目光，一代代航海家为了寻找东方航线而远航探险。葡萄牙作为当时的海洋大国，一直希望能够开辟到达印度的航线，直到达·伽马的出现，才终于完成了这个愿望。

1469年，达·伽马出生于葡萄牙一个名望显赫的贵族家庭，是一个青少年时代就受过航海训练，成长于航海世家的贵族子弟。他的父亲也是一名出色的航海探险家，曾受命于国王若奥二世的派遣，从事过开辟通往亚洲海路的探险活动，几经挫折后抱憾而逝。达·伽马的哥哥巴乌尔也是一名终生从事航海事业的船长，曾在1497年随同达·伽马一起探索印度航线。

1497年7月8日，达·伽马受葡萄牙国王曼努埃尔一世派遣，率领4艘船共计140多名水手，由首都里斯本起航，寻找通向印度的海上航路。

发现纳塔尔

达·伽马按照迪亚士发现好望角时的线路，迂回曲折地驶向东方。幸运的是，他们历经千辛万苦，终于通过了好望角，在足足航行了4个月和4500海里之后，船队来到了圣赫勒拿湾，看到了一片陆地。如果再向前航行，就会遇到可怕的风暴，船员们非常担心，有的甚至提出要回程的意见，但是达·伽马执意向前，宣称不找到印度决不罢休，凭借坚韧的信念和过硬的航海知识，船队顺利地闯出了惊涛骇浪的海域，进入了西印度洋的非洲海岸。由于达·伽马的船队到达这里的时候，是在1497年圣诞节时期，所以这里被命名为纳塔尔（葡萄牙语圣诞节的意思）。

到达香料之岛

1498年1月，达·伽马的船队抵达

[达·伽马十字架纪念碑－南非好望角边]

探索发现事件 | 19

了东非的莫桑比克海域。这是人类历史上第一次有史可查的大西洋直接至印度洋的远航。1498年4月，达·伽马的船队逆着莫桑比克海继续北上，抵达今肯尼亚港口蒙巴萨。当地酋长认为这批西方人是他们海上贸易的对手，所以态度并不怎么友好。

达·伽马船队见势不妙，赶紧离开。4月14日，当达·伽马船队来到蒙巴萨的对手城市马林迪港口时，受到了马林迪酋长的热情接待。他还为达·伽马的船队提供了一名理想的导航者，即著名的阿拉伯航海家艾哈迈镕·伊本·马吉德。

达·伽马的船队在领航员马吉德的带领下，从马林迪起航，终于在1498年5月20日抵达了印度南部大商港卡利卡特。而这个港口正好是半个多世纪以前，中国著名航海家郑和所经过和停泊的地方。这也是中世纪以来，西欧人的船只第一次航行到这片神秘的土地，达·伽马的名字和这一天一起被永远铭记在世界历史的纪念碑上。马吉德手里的印度洋海图，则成了葡萄牙人之后探索和征服整个印度洋地区的情报来源。而卡利卡特的港口则在一片惊讶中，迎接了登岸的葡萄牙开拓者。

由于阿拉伯商人的打压，达·伽马在卡利卡特并没有做成生意，1498年8月29日，达·伽马留下少数几名联络人在当地建立他们在印度地区的第一个商站后，就带着船队匆匆起航回国了。在经过卡利卡特的北方邻居坎纳诺尔时，葡萄牙人终于在当地进行了友好的贸易，获得了香料、肉桂和五六个印度奴隶。

❦ [出发之前]

船队回到马林迪时船员已经死了一半以上，剩下的大多得了坏血病，为了纪念这次探险，达·伽马在此建立了一座纪念碑（达·伽马石柱），这座纪念碑至今还矗立着。1499年9月，达·伽马带着剩下的一半船员，终于从马林迪回到了里斯本。

达·伽马成功地开辟了通往印度的航线，之后，他在印度建立了殖民地，掠夺了大量香料，还"顺手"掠夺了东方的丝绸、宝石等价值不菲的战利品。

1524年，达·伽马成了印度副王（即印度殖民地管理者），而且由于葡萄牙对此航线的垄断，自16世纪初以来，葡萄牙首都里斯本很快成为西欧的海外贸易中心。

达·伽马开辟的这条航道成为西方殖民者掠夺东方财富的血腥之路，并使葡萄牙获得了源源不断的资金供给，一时间，葡萄牙船队独霸了印度洋海域。

新航道的开辟也同时开启了欧洲对印度洋沿岸各国以及西太平洋各国的殖民，并给东方各国人民带来了深重的灾难。

❋ 有历史资料显示，达·伽马和他的葡萄牙舰队不是第一个绕行非洲的人，公元前600年的腓尼基人就已经成功绕行过非洲。

❋ 腓尼基人是一个古老民族，生活在今天地中海东岸。这个民族拥有发达的海上贸易和殖民事业。在公元前1200年左右，腓尼基人成为地中海霸主。

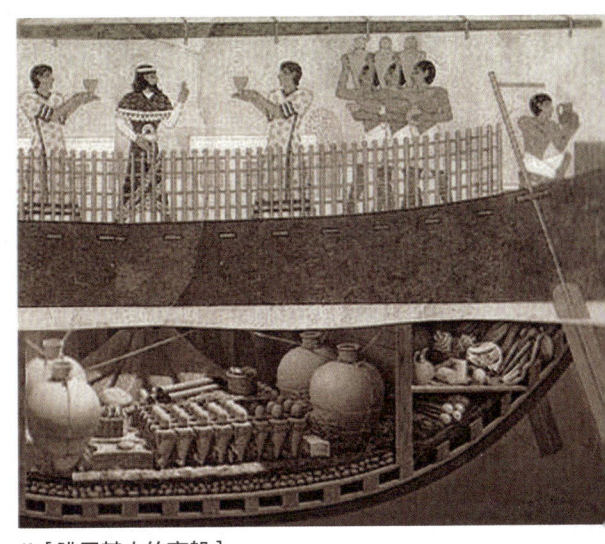

探索发现事件

❋ [腓尼基人的商船]

探索发现事件 | 21

发现巴西

欧/洲/人/殖/民/南/美/大/陆/的/开/端

1500年4月22日,葡萄牙航海家佩德罗·阿尔瓦雷斯·卡布拉尔发现了巴西,巴西的发现只是他在开拓印度航线过程中的一个意外,并且当时也不受葡萄牙政府的重视。

[佩德罗·阿尔瓦雷斯·卡布拉尔登陆巴西]

达·伽马发现印度的消息传开后,整个葡萄牙都激动起来了。1500年,葡萄牙国王曼努埃尔一世很快装备了一支庞大的舰队,由13艘船只和1500名船员组成,任命贵族佩德罗·阿尔瓦雷斯·卡布拉尔率领这支舰队出征,这次航行的目的是继达·伽马发现印度航线后的探测。

按照达·伽马的建议，1500年3月9日，卡布拉尔的舰队从里斯本出发。在非洲西南部热带海域航行时，船队不再沿海航行，而是向西南方驶入大西洋深处，然后再往南行驶。

但在实际航行中，卡布拉尔的舰队在通过佛得角群岛后，遇到强烈风暴（其中有一艘船遭遇风暴后直接返航了），又被赤道洋流推到了较远的海域。换言之，他们把这个往西南航行的弧圈划得太大了，导致他们进入了一个未知的海域。

在这个未知的海域，他们经过近一个月的航行，终于在1500年4月22日看到了陆地（即今巴西东海岸的帕斯夸尔山，这一天也成为正式发现巴西的日子）。卡布拉尔在海岸登陆，舰队全部驶入港口（即今巴西的波尔图塞古鲁港），卡布拉尔给这里起名叫维拉克鲁兹（Ilha de Vera Cruz，葡萄牙语意思是"圣十字地"）。卡布拉尔在岸边竖起刻有葡萄牙王室徽章的十字架，同时宣布该地区为葡萄牙国王所有，并派一条船回国报信。

卡布拉尔发现巴西，开启了欧洲人发现和殖民南美大陆的进程。

❀[佩德罗·阿尔瓦雷斯·卡布拉尔的签名]

❀[文森特·亚涅斯·平松]

有资料说西班牙人是首先到达巴西的欧洲人。这位西班牙人是1492年跟随哥伦布第一次远航美洲的船长文森特·亚涅斯·平松。

❀[硬币上的杜阿尔特·帕切科·佩雷拉]

有些史料说，在卡布拉尔到达巴西前的1498年，佩雷拉就到达了现在的巴西北部海岸，因为违反了条约，他的这一发现以及此后的所有探索和军事行动，作为秘密行动都未被公开。

❀ 发现好望角的迪亚士担任其中一条船的船长。这次航行的真正目的不是探险，而是征服印度，垄断香料贸易。

探索发现事件 | 23

麦哲伦的航海之旅

世/界/上/第/一/次/成/功/的/环/球/航/行

15世纪时期，欧洲大多数人认为地球是平的，海洋尽头是无底深渊。麦哲伦环球航行第一次证明了地球是圆的这一理论。

15 世纪早期至 17 世纪是欧洲地理大发现的黄金时期，以葡萄牙和西班牙为代表的欧洲国家，纷纷派出国内顶级的航海家四处探险，只为能够在海外开辟新的殖民地，以获得源源不断的财富。

[麦哲伦雕像 – 智利]
望向麦哲伦海峡的纪念碑。

抛弃葡萄牙

麦哲伦是葡萄牙一位富有航海经验的探险家，16 岁时就被调入葡萄牙航海事务厅工作，因此积累了丰富的航海经验。在迪亚士、达·伽马开辟了新航路，取得巨大成功之后，麦哲伦也蠢蠢欲动，他在 1517 年向葡萄牙王室提出了环球航行计划，但是没有得到支持，反而遭到了葡萄牙国王的拒绝与嘲笑。

为了能够得到资助，麦哲伦来到了西班牙，并结识了西班牙国王查理五世（卡洛斯一世），两人一拍即合，麦哲伦想要出海探险，而西班牙国王为了获得更多的财富，就需要大批航海家出海。

在查理五世的鼎力资助下，麦哲伦的环球探险船队成立了，船队由 5 艘远洋航船、200 多名船员组成。每条船都配备了火枪大炮，每个人都带着尖刀短剑，并满载各种商品。

1519 年 9 月 20 日，麦哲伦的环球探险船队从西班牙塞维利亚城的外港出发了。

麦哲伦在进行环球航行之前，已经到过印度、非洲和东南亚，他坚信在香

料群岛（即印度尼西亚东部的马鲁古群岛）以东，还有一片海。

麦哲伦海峡的发现

麦哲伦船队的速度并不快，船队在大西洋中航行了 70 天，于 11 月 29 日到达巴西海岸，然后沿南美海岸继续航行。到了 1520 年 3 月，由于阿根廷南部处于严冬时节，于是麦哲伦率船队驶入圣胡利安港（在今阿根廷圣克鲁斯省）准备过冬。由于天气寒冷，粮食短缺，船员情绪十分颓丧。船员内部发生叛乱，三个船长联合反对麦哲伦，不服从麦哲伦的指挥，责令麦哲伦去谈判。麦哲伦便派人假意去送一封同意谈判的信，并趁机刺杀了叛乱的船长。不久，麦哲伦在圣胡利安港发现了大量的海鸟、鱼类还有淡水，饮食问题终于得到解决。

1520 年 8 月，麦哲伦率领船队继续

❈ [完成环球航行的"维多利亚"号 –1590 年]
1522 年，麦哲伦的船队终于回到了西班牙圣卡罗港，但是只剩下了一艘船，它就是"维多利亚"号。

❈ [丁香 – 香料]
欧洲冬天很寒冷，缺乏足够的饲料，必须用香料腌制大量宰杀的牲畜。欧洲不出产这类香料，因此价格极高。一小把丁香的价格，就价值一个西班牙金币。谁能拥有大量香料，谁就会成为大富翁。正是这种高额的利润驱使着一次次的探险。

❈ 丁香、肉桂、豆蔻等，在其产地东南亚，一个金币就可以买好几袋。在巨额利益的引诱下，西班牙国王宣布支持麦哲伦的航行计划，并许诺如果航行成功，麦哲伦可分享所得全部收入的 5%，还可出任管辖新发现领地的行政长官。

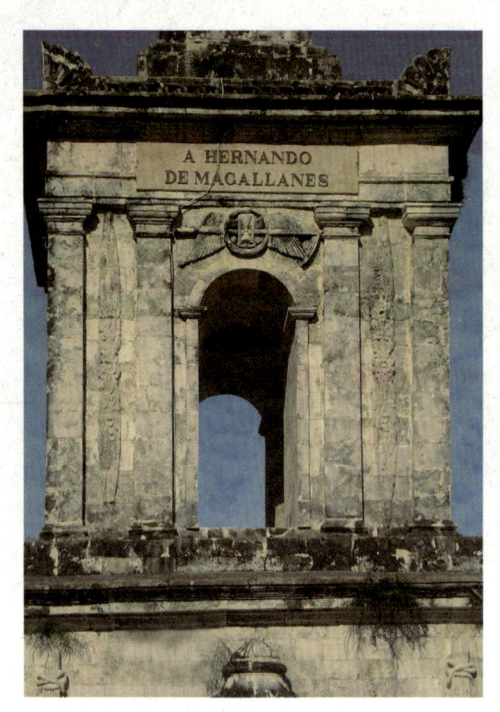

[麦哲伦丧命的纪念碑]

麦哲伦死于麦克坦岛,他的尸体在沙滩上放了三天,之后被制成了肉干,一代航海家因部落冲突而客死他乡。

出发,但他们只剩下 4 艘船了。当年 10 月,麦哲伦的船队进入到一条深远的海峡中,峡道弯弯曲曲,时宽时窄,两岸山峰耸立,奇幻莫测。海峡两岸的土著居民,喜欢燃烧篝火,白日蓝烟缕缕,夜晚一片通明,好像专门为麦哲伦的到来而安排的仪仗队。麦哲伦高兴极了,他在夜里见到陆地上火光点点,便把海峡南岸的这块陆地命名为"火地",这就是智利的火地岛。船队小心翼翼地沿着水道,边探索边航行,足足走了一个月之后,才出现了豁然开朗的前路。这条海峡今天被命名为麦哲伦海峡,是连通南大西洋与南太平洋之间最重要的天然航道。

穿越太平洋

麦哲伦的船队安全地渡过了麦哲伦海峡,进入一片巨大的海域,这就是欧洲人眼中的"大南海"。船队非常兴奋,纷纷升起了西班牙国旗,并鸣礼炮致意。在这里,麦哲伦航行了 110 天,没有遇到狂风巨浪,一直都平安无事,麦哲伦因此将其命名为"太平洋"。

客死他乡

1521 年 3 月 16 日,船队终于到达了一个群岛,这里人口稠密、物产丰富,麦哲伦一行经过休整后,再次上路,不久后,他们到达了菲律宾群岛中的宿务岛。这里是个美丽富饶的地方,麦哲伦在这里传播基督教,并为这个岛和附近岛上的一些居民进行了洗礼。麦哲伦成了这些新基督徒的靠山。为了推行殖民主义的统治,他插手附近小岛首领之间的内讧。1521 年 4 月 27 日夜间,在一场进攻土著人的战斗中,西班牙航海者被杀得大败,麦哲伦本人及其 7 名随从在激战中被杀。他的助手卡诺带领剩下的两艘船逃离了这个群岛。

麦哲伦完成了历时 3 年的环球航行,用行动证明了地球是圆的,也结束了这场长达几个世纪的争论。另外,也证明了地球上存在着一个统一的世界大洋,并且占据了地球表面的大部分。

白令的探险

探/索/北/极

白令海峡位于亚欧大陆最东点的杰日尼奥夫角和美洲大陆最西点的威尔士王子角之间，这里是沟通北冰洋和太平洋的唯一航道，是由丹麦籍俄罗斯中将维图斯·白令发现的。

1 724 年，俄国沙皇彼得大帝决定组织一支航海探险队开赴北太平洋，探测亚洲大陆和北美大陆之间的海岸。白令受命组织了俄国历史上第一支航海舰队。

[白令浮雕像]

❋ 在一次探险过程中，白令的船员 H. 舒马金病死在了第一次发现阿留申人的岛屿。为了纪念死去的船员，白令将这个岛屿命名为舒马金岛。

第一次探险：他的五个孩子死亡

1725 年春天，白令率领由 70 多人组成的探险队，开始对西伯利亚的北岸进行考察。由于当时北方海路还没开通，白令率领的探险队要先从彼得堡（今列宁格勒）出发，一路上翻山越岭，涉水渡河，风餐露宿，横跨欧亚大陆。1727 年，他们到达了 7000 千米以外的鄂霍茨克。随后又乘船渡过鄂霍茨克海来到堪察加半岛东部的彼得罗巴甫洛夫斯克。

白令确信北美洲和亚洲之间确实是被水隔开的。他指挥着探险队自己设计制造的"圣加夫利尔"号探险船驶离港口，沿堪察加半岛海岸向北挺进。

1730 年，白令因患重病，回到了彼

❋ 阿留申人自称"尤南干"，主要分布在阿留申群岛和阿拉斯加半岛，属蒙古人种，信万物有灵，部分人信东正教。

得堡，结束了第一次探险活动。而在他远征探险的这段时间里，他的五个孩子死亡。

这次探险白令到达了亚洲的最东端，除了证明美洲与亚洲并不相连外，还记录了从堪察加半岛东岸向北的情况，白令还测绘了 3500 多千米的海岸线。

第二次探险：发现圣伊莱亚斯岛

1741 年 6 月，白令第二次担任堪察加考察队的队长，副手为奇里科夫。考察队再一次横跨欧亚大陆到达堪察加半

探索发现事件 | 27

> 白令是一位卓越的航海探险家。尽管他的探险活动和沙皇俄国的扩张政策紧密联系在一起，但他为人类认识北极而做出的贡献，还是应该充分肯定的。后人为了纪念他，把他去世所在的那个小岛命名为白令岛，把他发现的海峡取名为白令海峡，把阿留申群岛以北、白令海峡以南的海域命名为白令海。

[青铜铸就的白令航海地图]

岛，旗舰为"圣彼得"号。

探险船到达堪察加半岛后，停泊在一个小岛旁，站在船头能看到海峡对岸的北美大陆，还能看到不远处海拔 5000 多米的圣伊莱亚斯山。他们在小岛考察中发现了一种鸟类，这种鸟类和生活在美洲东部的鸟很相似。另外他们还发现了当地的土著民族。由于这个岛接近圣伊莱亚斯山，所以被考察队命名为"圣伊莱亚斯岛"（现在被称为卡亚克岛）。

病死在返航途中

返航途中，白令一行遭遇海上风暴、大雾频繁，粮食短缺，而此时的白令已重病在身，无法指挥他的船了。他们漂泊到科曼多尔群岛的一个无人居住的小岛上，白令和他船上的其他 28 名水手病死在这个岛上，剩下的 77 名水手中的 46 人后来回到了他们出发的港口。此后，这个岛被命名为白令岛。除了白令岛，还有白令海峡、白令海和白令地峡都是以他的名字命名的。

白令海峡的重要性

白令海峡的发现，使北极航道的开辟成为可能。自 16 世纪起，欧洲国家一直梦想能打通北极航道。因为该航道是联系亚、欧、美三大洲的最短航线。据国际航运界计算，船舶从北纬 30 度以北的任何港口出发，使用北极航道要比绕行南部的苏伊士运河和巴拿马运河节省至少 40% 的航程，能产生巨大的经济效益。白令的探险为北极航道的开辟起到了重要的推动作用。

[灭绝的白令鸬]

白令鸬，又名白令鸬鹚或眼镜鸬鹚，是一种已灭绝的鸬鹚。

白令鸬最初是在白令第二次堪察加半岛探索中被随行队员发现的。他们形容白令鸬是一种体型大及丑陋的鸟类，而且不太会飞行。

发现西北航道

北/极/航/道/的/开/辟

西北航道是指由格陵兰岛经加拿大北部的北极群岛到达阿拉斯加北岸的航道，这是大西洋和太平洋之间最短的航道，这条航道经过无数航海家数百年的努力才寻找到。

[西北航道-油画（1874年）]
约翰·埃弗里特·米莱斯的一幅画，描绘了英国人对未能征服西北航道感到沮丧。

西北航道是一条隐蔽的航线，经由它可以用最短的路线连通大西洋和太平洋。早在15世纪末，许多探险家就一直试图开辟出这样一条商业通道，但一直没能成功。

哈德孙的努力

亨利·哈德孙的父亲吉柏特爵士，和其他探险家一样也走上西北航道的探险之路，并以失败遇难结束。哈德孙是他的幼子，他继承了父亲的遗志，曾先后被英国公司聘用，走上了探寻西北航道之路，但因为海冰阻拦，他无法完成指定的航线，最终无功而返，遭到解雇。

再次成功地获得英国的支持

1610年，亨利·哈德孙再次成功地获得英国的支持，展开另一段旅程，这笔资金来自维吉尼亚公司与不列颠东印度公司。

这次哈德孙驾驶他的新船"发现"号，在5月到达冰岛，随后在6月抵达格陵兰南部，然后绕过格陵兰的南部。

探险队在6月25日抵达拉布拉多北端的哈德孙海峡，然后在8月2日通过海峡南部，进入哈德孙湾。哈德孙花费了几个月时间探索其东部海岸并绘制地图。但哈德孙和他的船员未找到通往亚洲的航道。探险队也被浮冰困在詹姆斯湾中，船员被迫上岸度过冬天。

遭遇叛变，从此下落不明

浮冰在第二年春季逐渐消散，哈德孙计划继续探索该地区，但是他的船员却思乡心切，哈德孙的好友罗伯特·朱

探索发现事件 | 29

埃和亨利·格林发起叛乱。他们将哈德孙和他十几岁的儿子约翰，还有生病体弱的六名船员，驱赶到一艘小型的船上，并放逐了他们，任由其在大海中漂流，哈德孙从此下落不明。

打通西北航道

曾抵达澳大利亚的英国海军上校詹姆斯·库克，曾多次在太平洋上巡弋寻找西北航道。1776年库克船长在往北远航的途中发现夏威夷，接着他穿越白令海峡想继续北行，但最终受阻于海冰而不得不折返。曾参与过库克船长远航的乔治·温哥华，也一度想探明西北航道是否存在。1792年，乔治·温哥华在勘测北美洲海岸后，断定"在北纬30度至56度的北太平洋与北大西洋之间，没有可航行的水道存在"。不过这样的结论依旧未能打消各国探索西北航道的念头，许多探险家仍前仆后继地前去寻找，并付出了惨重代价。

1845年，59岁的英国海军上尉约翰·富兰克林率129人乘坐当时最先进的蒸汽船"幽冥"号与"恐怖"号在探索西北航道时失踪，成为最为惨重的灾难。1853年，一位名叫罗伯特·麦克卢尔的探险家为寻找失踪的探险队，由西部进入航道，在冰域中被困两年，后来乘雪橇由陆路登上另一艘由东驶来的援救船，该船于1854年首次完成西北航道航行。这条航道一直到1903年才由挪威人罗尔德·阿蒙森最终打通。

西北航道的商业性通航，对全球的自然资源开发、交通运输、国际贸易等方面都会产生显著的经济效益。对美国和加拿大影响最大，而从波斯湾到巴拿马、从智利到斯堪的纳维亚都会受到影响。

[遭遇叛变的哈德孙]

遭到船员叛变的哈德孙和他十几岁的儿子还有6名生病体弱的船员被放逐在一艘小型船上，最后被流放在北美海域，从此下落不明。

❀ 在哈德孙失踪200多年后，1845年，富兰克林乘军舰寻找西北航道，也在海上失踪……

❀ 哈德孙湾是一个位于加拿大东北部深入大陆内部的海湾，东北经哈德孙海峡与大西洋相通。哈德孙在最后一次远航北美考察时发现并绘制了地图。

❀ 传说，1626年，哈德孙只花了24荷兰盾，折合人民币就是166元，就将曼哈顿岛买了下来。后来，这个地方更名叫作新阿姆斯特丹。现在的人喜欢它的另一个翻译名称——华尔街。而这座城市的名称也由新阿姆斯特丹换成了新约克，再换成了纽约。
当时的曼哈顿还没有成为殖民地，土地上居住的还是原住民——印第安人，所以哈德孙沟通下来，只是花了24荷兰盾。

库克船长探险记

三/下/太/平/洋

库克船长是英国家喻户晓的人物,其三下太平洋是人类历史上的壮举,也是他作为传奇探险家一生最辉煌的经历,这三次探索太平洋都取得了很大的成就,对西方航海史有着重要的影响。

[库克船长的小屋] 库克船长的小屋是库克船长出生的地方。1728年11月7日,在位于英国约克夏郡的小屋之中,库克船长诞生了。它朴实、简单,甚至是粗糙的,石砌的墙面透露出来的是古老沧桑的感觉,这是一幢真正的小屋。1934年,这座小屋被运至墨尔本。

詹姆斯·库克,人称库克船长,是英国皇家海军军官、航海家、探险家和制图师。他曾经三度奉命出海前往太平洋,带领船员成为首批登陆澳洲东岸和夏威夷群岛的欧洲人,也创下首次有欧洲船只环绕新西兰航行的纪录。

第一次下太平洋使用了《航海历书》

库克船长第一次下太平洋发生在1768—1771年,历时三年。这是库克船长的第一次远航,显得经验不足,因此走了很多冤枉路,但是成果还是很丰富的,他到达了新西兰和澳大利亚东海岸。库克船长不是走马观花式探险,他对新西兰和澳大利亚东海岸进行了科学考察,还对新西兰进行了环岛航行,发现新西兰是由南北两个大岛组成。在澳大利亚东海岸他发现了悉尼这个天然良港,并且还宣布新西兰和澳大利亚是英国的领地。

库克船长三下太平洋,将性病、酒精饮料和枪械等随着西方文明一同传入了那些还没有被西方人开发的地方。从这个角度看,库克船长的航行所带来的西方文明又的的确确是一种入侵。

[航海见闻]

随库克船长航海的画家威廉·霍齐斯画下的当地风情。

在这次航海旅程中，库克船长在随船天文学家查尔斯·格林的协助下，运用新出版的《航海历书》准确地测量了经度。尤其是通过运用《航海历书》，库克船长能够从计算月角距的方法入手测量经度：如果是白天，先计算月亮与太阳的角距离，然后通过《航海历书》中的数据，判断皇家格林尼治天文台的实际时间；如果在晚间，则可以计算月亮与八大星宿中任何一颗的角距离，以同样方式可以判断出皇家格林尼治天文台的实际时间。得出这个时间后，再度量太阳、月亮或其他星宿的高度以得出所在地的时间，把两个时间相比较，便

库克船长的航海实践，大大丰富了人们的海洋地理知识，同时也加深了人们对海洋和发生在海洋中多种自然现象的认识。他是继哥伦布之后，在海洋地理方面拥有奠基性发现的航海家。

❖ [全球首张塑料钞票——澳大利亚移民澳洲 200 周年塑料纪念钞]

塑料纪念钞正面图案：主景描绘了 200 多年前英国移民者乘"萨帕拉"号双桅帆船抵达悉尼时的情景，透明窗防伪标志人物是英国航海家库克船长。

可得出所在地的经度。

第二次下太平洋使用了 K1 型经线仪

库克船长第二次下太平洋是在 1772—1775 年，这次他率领两艘大船，但是这次他很不幸运，由于恶劣的天气和坏血病的困扰，两艘船中间失散了，所以这次考察显得仓促匆忙。不过虽然库克船长还是没有寻找到传说中的南方大陆，但是也第一次抵达了南纬 70 度的海域，这已是当时人类到达的最南端了。在这次航海旅程中，库克船长携带了由拉科姆·肯德尔制作的 K1 型经线仪，这个经线仪直径长 13 厘米，状似一个大型的怀表，是仿照约翰·哈里森的 H4 型钟制作。这个仪器曾经用于商船"特福德"号于 1761—1762 年前往牙买加的旅程，证实

❖ [库克船长画像]

探索发现事件

[土著人]
库克船长在航海中遇见的土著人，被当时随行的画家威廉·霍齐斯记录了下来。

该仪器在长途的海路旅程中，仍然能够准确显示皇家格林尼治天文台的标准时间。库克通过运用肯德尔的 K1 型经线仪，比起以往能够更快和更准确地测出经纬度，以制作更多、更精细和准确的航海图。

第三次下太平洋被土著人杀死

库克船长第三次下太平洋是在 1776 年 7 月 12 日从英格兰起航的。这次的目标是考察北太平洋和寻找绕过北美洲到大西洋的航道。绕过好望角之后，库克船长横渡印度洋到达新西兰。从那里又航行到塔希提岛。后来他们继续航行，在圣诞节前夜他们看到了一个岛屿，这个岛屿被他命名为"圣诞节岛"。进一步向北航行，他发现了夏威夷群岛。1779 年 2 月 14 日，库克船长在这里卷入了当地土著的纠纷中，不幸被人用长矛刺死，并且遗体遭到肢解，一位伟大的航海家就此陨落了。

库克船长的生平是极富争议和传奇色彩的，对于欧洲人来说，他是伟大的探险家、航海家和制图专家，但是对于当地土著人来说，他却是恶魔，因为他的到来给他们带来的不是好运而是悲惨的殖民历史。

❋ 库克船长在长期的远航实践中，总结出了通过改善船员的饮食——包括增加水果和蔬菜等方法，来预防由于长期航行船员缺乏维生素 C 等营养出现的坏血病。这是库克船长在航海医学上的重大贡献。

❋ 英王乔治三世曾打算在库克船长返国后，授予他世袭从男爵爵位，但因为库克船长之死而未能实现。虽然如此，英王仍向库克船长的遗孀伊丽莎白授予一笔可观的长俸，以作慰问。在 1785 年，乔治三世复向伊丽莎白颁授一枚勋章，供库克船长的家族成员使用。伊丽莎白一直活到 1835 年，即库克船长死后 59 年，才以 93 岁之龄逝世。

威尔克斯的探险

描 / 绘 / 南 / 极 / 大 / 陆

有着"魔鬼探险家"之称的威尔克斯，在1841年绘制出了被称为"南极大陆"的地图，此举不但未给其带来荣誉，相反他一直在遭受质疑，直到20世纪中叶，他才得到应有的荣誉。

最先尝试描绘南极大陆的是美国的查理·威尔克斯中校，在1839—1843年期间，他对南极海域进行了多次探险。1841年初，威尔克斯勘察了位于今天的东经160度到100度之间（澳大利亚正南方）2414千米的南极海岸线，并绘制出了这一地区的海岸线图。威尔克斯不仅确定了海岸线的长度，还确认了南极存在陆地的事实。这是一张第一次使用"南极大陆"称谓的南极地图。

遗憾的是，威尔克斯发现南极大陆的事实长期受到质疑，直到20世纪40—50年代，美国和澳大利亚等国科学家先后到达南极上空进行航空勘测后，威尔克斯绘制的南极大陆地图，才最终得到了它应有的荣誉。

魔鬼探险家

查理·威尔克斯是美国的一位海军军官，因为执着地认为南极大陆的存在，多次参与了对南极的探险。

1841年，威尔克斯沿着南极海岸线探险，并绘制出了这一地区的海岸线图，虽然不甚准确，但明确地表明了南极大陆存在的事实，但是由于他的探险虽然有成就，对资助探险的利益集团来说却无利可图，所以他被送上了法庭。

[威尔克斯]

❋ 南极的很多地名或站名，大多是以早期探险家或对南极有重要贡献的人的名字命名的。

❋ 老威尔克斯站是凯西站的前身，是美国于1959年建立的，1969年移交澳大利亚，并改名为凯西站。
凯西是澳大利亚第十六任总督，由于在任期间对南极考察特别支持，所以就以他的名字命名。

探索发现事件

罗伯特·皮尔里的北极之行

人/类/到/达/北/极/点

第一个到达北极的人其实是有争议的,一个是美国探险家、海军中校罗伯特·皮尔里,他曾宣布自己于1909年4月6日到达北极点;而另一个则是库克船长,但是经过考证,应该是罗伯特·皮尔里最先到达北极。

[皮尔里的探险团队到达北极]

过去,北极曾是个神秘莫测的地方。人们这样描述它:"长年不化的冰雪……永远是寒冷、雾、风……,极昼和极夜,惊人的北极光……,太阳就像落山的时候那样,24小时在地平线上打转,冷冷的,是个无力的太阳。勇敢的冒险家一个接一个企图进入这个地球上的'空白点'。……但是,他们中间很少有人回来……",在铺满探险家尸骨的路上,世界上第一次成功的北极之行就这样完成了。

北极点

要算到过北极,就要到达北极点,北极点位于北冰洋北极海域的中部。那里终年寒冷,各类浮冰分布面积广,海洋生物种类和数量都十分缺乏,生存环境十分恶劣。

为了到达这片地区,探险家们使用了一切可能使用的方法和手段:有的乘海船去,有的坐狗拉雪橇或徒步去;有的企图同浮冰一道漂流前往;也有的乘坐气球或飞艇去;近年来更有人想利用潜艇在冰下航行或乘飞机去,然而这些先进方式都比不上美国探险家罗伯特·皮尔里的双腿。

人们对北极的探索在很早以前就有了,早在公元前325—前320年,古希腊人皮提亚斯的海上探险队就曾穿越北极圈。

成功的北极之行

为了成功探险北极，罗伯特·皮尔里进行了很多次尝试，比如：

1902 年，罗伯特·皮尔里开始向北极进发，这是他迈向北极的第一次尝试，终因不能穿过冰冻的北冰洋而返回；

1905 年，50 岁的皮尔里再次踏上征途，这次他乘坐自己设计的能够穿过冰封海洋的船只，比上一次更加接近北极大陆，但是狗拉雪橇没能使他到达北极；

1908 年 7 月，皮尔里乘坐"罗斯福"号轮船从美国出发，开始了他又一次的探险。出发时，皮尔里的探险队中有 17 名因纽特人、19 个雪橇和 133 条狗。而当到达北极时，陪伴皮尔里的只有 40 条狗和 4 个因纽特人了，这次虽然离北极点靠近了很多，但还是没能到达北极点，不过增加了皮尔里到达北极点的决心和信心。

1909 年，皮尔里再次率探险队，从离北极点约 760 千米的格陵兰岛西北的哥伦比亚角（北纬 83°07′）出发，远征北极。

这次皮尔里吸取了以往几次的教训和经验，做了充分的准备工作。他把参加探险的 24 名队员分成 6 组，其中 5 个组是辅助队，1 个组是主力队。辅助队的主要任务是在前面开路，修筑营房和搬运行李物资，以保证主力队有效地向北推进。

探险队大体沿西经 70° 经线前进，经过 25 天的行军后，到达北纬 85°23′，

[皮尔里的日记 – 关于到达北极点的记录]

> 富兰克林于 1818 年首次进入北极地区，被它深深吸引。1819—1822 年间，富兰克林带领 20 人在加拿大西北地区沿科珀曼河进行陆上探险，结果有 11 人中途丧生，其中大多数死于饥饿，其余生还者曾被迫进食地衣维生，甚至试图吃掉皮靴充饥。

> 探索北极的人极多，比如斯蒂芬森，1906 年他曾深入到人迹罕至的北极，与因纽特人一起生活了 11 年。

平均每昼夜仅前进 10 千米。在到达北纬 85° 以前，皮尔里就命令辅助队返回营地，同时更换了主力队中已损坏的狗拉雪橇，调换上了最好的狗。3 月 30 日，皮尔里到达了北纬 87°47′。4 月 6 日，探险队到达了北极点。皮尔里在北极点逗留了 30 个小时后才返回营地。

罗伯特·皮尔里的成功，不仅实现了个人的终生愿望，也标志着北极最后的制高点被人类征服，宣告了北极地理发现时代的结束。

探索发现事件 | 37

罗尔德·阿蒙森的探险之路

人/类/到/达/南/极/点

南极是个迷人的冰雪王国，那里有奇妙的极光、丰富的矿产和怪异的极地生物，一直吸引着众多探险家前往。挪威人罗尔德·阿蒙森带领探险队，从南极鲸湾出发，乘坐狗拉雪橇，历时53天，终于到达南极点。

南极在地球的最南端，面积约1400万平方千米，95%以上的面积常年被冰雪覆盖，是地球上最寒冷的地区，而且气候恶劣，只有少数动物能够生存。

第一次成功的南极之行

第一个把标杆插到地球南极点的是挪威人罗尔德·阿蒙森，他带领着由5名挪威人组成的探险队于1911年12月14日到达南极点。

阿蒙森于1872年7月16日出生在挪威的波尔格，他在探险史上获得了两个"第一"：第一个航行于西北航道；第一个到达南极的人。

1910年8月9日，阿蒙森和他的同伴们乘探险船"费拉姆"号从挪威起航，

[罗尔德·阿蒙森的探险团队]

❖ 罗尔德·阿蒙森是最早飞越北极的两位探险家之一。1926年，他和意大利探险家乌姆伯托·诺毕尔乘飞艇绕行北极两圈。

开始他的南极之行。经过4个多月的艰难航行，"费拉姆"号穿过南极圈，进入浮冰区，于1911年1月4日到达攀登南极点的出发基地——鲸湾。

阿蒙森在鲸湾进行了10个月的充分准备，于10月19日率领5名探险队员从鲸湾出发，开始了远征南极点的探险。他们乘狗拉雪橇和踏滑雪板前进了大约六七百千米的路程，就无法再借助设备前进了，他们遇到了许多高山、深谷、冰裂缝等险阻，只能靠徒步慢慢地向南

❖ [阿蒙森探索南极途中]

[阿蒙森雕像－挪威]

极点方向前进，虽然他们事先在鲸湾做了充分准备，但是他们的速度依旧很缓慢，每天只能以 30 千米的速度前进。在最恶劣的南极环境下，他们用了两个月不到的时间，于 12 月 14 日胜利抵达南极点。

他们在南极点设立了一个名为"极点之家"的营地，进行了连续 24 小时的太阳观测，测算出南极点的精确位置，并在南极点上叠起一堆石头，插上雪橇作标记，还在南极点的边上搭起一顶帐篷。

其实，计划南极之行的还有一支队伍，并且比阿蒙森早 2 个月出发，这支队伍由英国海军军官斯科特率领，这时他们依旧没有到达南极点。

阿蒙森在南极点上停留了 3 天，在南极点边上的帐篷内留下了分别写给斯科特和挪威国王的两封信。阿蒙森的用意在于，万一自己在回归途中遇到不幸，晚到的斯科特就可以向挪威国王报告他们胜利到达南极点的喜讯。

12 月 17 日，阿蒙森他们踏上了返回鲸湾基地的旅途。

伟大的探险竞赛

由斯科特带领的英国南极探险队，比阿蒙森带领的挪威探险队早两个月出发。在阿蒙森抵达南极点的壮举通过电讯传遍全世界的时候，斯科特仍在返回基地的路上。

斯科特的队伍远不如阿蒙森顺利，他们的运气可谓糟糕透了，坏天气时常阻挠着他们，在南极大陆夏季最温暖的时候，他们竟遇到了"平生最大的暴风雪"。风雪中他们举步维艰，不得不增加每天行军的时间，尽全力向终点前进。队员们一个个都累趴下了，最后斯科特挑选了 5 名成员，成立最后冲击南极点的小组，为了英国的荣誉向南极点冲刺。

斯科特他们使出吃奶的力气，与恶

[斯科特的探险团队到达南极点的照片]

劣的天气抗争着,好不容易接近南极点,可是他们却发现远处飘扬着挪威的国旗。这让他们傻了眼,他们虽然历经千难万险,但依旧只是第二,也就意味着他们输了。

沮丧的斯科特在这里见到了阿蒙森留给他的信,两天后他带领着队伍离开了南极点,他们循着原来的脚印往回走,但是狂风怒号的暴雪天气,让他们的食物越来越少,导致身体虚弱、饥饿、雪盲……一个个坏消息接踵而来,最后斯科特和两名英国探险成员牺牲在回程的

阿蒙森为极地探险而生,并为极地探险而死。1928年6月18日,阿蒙森的好友诺比尔乘坐"意大利"号飞艇进行北极飞行时失踪,阿蒙森参加了前往寻找飞艇的搜救队。另外一支搜救队发现了飞艇和仍然活着的诺比尔,但是阿蒙森与他的伙伴再也没有回来。

雪地,只有两人成功回程。

斯科特死于南极,而阿蒙森则死于北极,这或许就是职业探险家的荣誉和归宿,但他们的死不是终结,而是人类探索未知世界的启明灯,指引着后来人继续努力。

发现土豆

影/响/世/界/的/粮/食

土豆，学名马铃薯，这是一种神奇的可以改变世界的粮食。它成就了一个国家的繁荣，同时又消灭了一个国家。

[《土豆食客》- 梵高]

土豆，就是我们所熟知的马铃薯，长相普通，但是生命力顽强，只要有泥土，不管是潮湿的热带，还是高寒地区，都是照长不误，而且产量较高，非常容易存储和携带。它曾以迅雷不及掩耳之势，席卷了全球各个地区，着实影响了一把世界历史。

马铃薯因酷似马铃铛而得名，此称呼最早见于康熙年间的《松溪县志食货》。中国东北、河北称土豆，华北称山药蛋，西北和两湖地区称洋芋，江浙一带称洋番芋或洋山芋，广东称之为薯仔，粤东一带称荷兰薯，闽东地区则称之为番仔薯，在鄂西北一带被称为"土豆"。

印第安人将马铃薯尊奉为"丰收之神"

马铃薯的原产地在遥远的南美洲安第斯山区。印第安人种植马铃薯已经有数千年的历史。马铃薯的收成直接影响着他们的生活，因此印第安人将马铃薯尊奉为"丰收之神"，如果某年的马铃薯严重减产，就被认为是"怠慢"了马铃薯神，必须举行一次盛大而残酷的祭祀仪式，杀死牲畜和童男童女为祭品，乞求马铃薯神保佑丰收。

"罪恶的食物"

16 世纪时，大批欧洲冒险家来到这里，看到了土豆，还给它起了个"Papa"的名字并将其带到了欧洲，但是由于在

❋ 世界上最长的山脉是安第斯山脉，它全长约 9000 千米，巍峨挺拔的安第斯山脉纵贯南美大陆，是贯穿于整个美洲大陆的科迪勒拉山系的南支。

❋ [收获土豆-1855 年]

❋ 秘鲁人对土豆的爱算得上是"刻骨铭心"。他们的祖先印加人认为土豆有魔力，不但种土豆、吃土豆，还用洗干净的生土豆擦头，据说可以缓解头痛；还有人把土豆敷在断骨上治疗骨折；出远门的人更是随身带上好几个土豆，不光当干粮，还是护身符——他们相信土豆可以让他们免受风湿之苦。

探索发现事件 | 43

史籍中查不到这种东西，欧洲人开始对其感到害怕，并咒骂它是"罪恶的食物"，甚至有人认为吃了它，就会得黑死病。

就这样，被称作 Papa 的马铃薯，早期在欧洲一直被种植在花圃里。出于好奇心，西班牙人曾尝试过生食土豆块茎，味道当然不太好；法国人曾吃过它的浆果，那种酸涩的味道没有引起人们的好感。

保命粮食

直到 18 世纪，西欧发生了严重的灾荒，粮食都枯萎了，只有土豆取得了非常好的收成，大批难民不得不开始食用土豆，将其煮熟之后，发现它变得柔软，并且由于其含有大量的维生素，能够预防坏血病，所以逐渐成了仅次于面粉的重要主食。

整个爱尔兰几乎靠土豆在支撑着

18 世纪末，欧洲国家实现了工业、政治及军事方面的变革，致使欧洲人口迅速膨胀，这得益于丰富的土豆供应。

爱尔兰岛是一个贫瘠的岛屿，谷类植物在这里长不好，小麦几乎就不能生长。从 1801 年开始，这个岛屿成了"大不列颠与爱尔兰联合王国"不可分割的一部分之后，岛上稍微肥沃一些的土地都被英格兰贵族霸占。当时的普通爱尔兰人仅拥有 5% 的土地。这样的时空背景之下，成就了土豆在爱尔兰无与伦比的重要地位。

到了 19 世纪初期，马铃薯几乎成为

[约拿斯·阿尔斯特鲁玛雕像 – 哥德堡]

1724 年，约拿斯·阿尔斯特鲁玛在哥德堡附近一个小城市的庄园里，种下了一些土豆；收获以后，他成了整个瑞典第一个吃土豆的人。同时，他大声呼吁，种植和推广土豆这种食物，因为土豆产量大，营养丰富。约拿斯不仅是第一个吃土豆的人，而且是第一个规范了瑞典语中土豆的叫法的人。以前土豆在瑞典有许多名称，有的叫土薯，有的叫地苹果；约拿斯借了英语的名字，称之为 Potatis。

18 世纪初期俄国的彼得大帝在游历欧洲时重金购买了土豆，当时是种在宫廷花园里。直到 19 世纪中期，沙皇下令农民必须大规模种土豆，土豆才开始在俄国普及。

爱尔兰人的唯一食物。在当时的爱尔兰农村，从事劳作的农民每人每天消耗的马铃薯为6.3千克，妇女和10岁以上的儿童大约为5千克，小一点的儿童为2.3千克。

马铃薯的高产，使得爱尔兰人口从1700年的200万，猛增到1841年的820万，达到4倍多。整个爱尔兰几乎靠土豆在支撑着。

土豆带来了一场前所未有的灾难

到了1845年，一场灾害来临，土豆又成为这里的致命杀手。曾经郁郁葱葱的马铃薯田变得荒芜一片。导致马铃薯枯萎腐烂的瘟疫来源于一种被称为马铃薯免疫病菌的真菌，这种真菌在温暖潮湿的环境中发育，靠风或水携带自己的孢子来繁殖，受感染的马铃薯会变黑，在地底下枯死。

1845年的夏天，爱尔兰多雨阴霾的气候特别有利于这种真菌的发育。短短几周之内，这种凶猛的真菌靠着风的传播，席卷了这个小岛，当年底，爱尔兰的马铃薯产量减少了三分之一。第二年情况更糟，超过四分之三的马铃薯田绝收，对于以马铃薯为生活来源的爱尔兰人民而言，灾难已经降临了。

岛上大片的穷人吃不饱，数百万几乎毫无任何购买力的爱尔兰人根本买不起英格兰政府按照1便士1磅进行销售的粮食，只能坐以待毙。

1851年，爱尔兰只剩下655万人口，比十年前减少了近1/4，这场饥荒差不多饿死了100万专吃土豆的爱尔兰人，并且迫使大约200万人逃离连岁饥馑的家乡。饥荒与移民潮导致爱尔兰本国人口剩下不足400多万。

当时带回土豆的探险家肯定想象不到，这个小东西会因养活了更多的人而改变爱尔兰，也由于养不活太多人而差点毁灭了爱尔兰，土豆也因此作为食物传遍了世界，为全世界所知。

❀ [炸薯片－土豆美食]

1853年，一个商人在纽约吃晚饭时抱怨炸马铃薯片太厚。于是大厨便进行了改进，将土豆切得像纸一样薄，然后再放在油锅里炸，并撒上了盐，从此炸马铃薯片意外地流行了起来。

❀ 土豆进入我国的年代已不可考评，在明代晚期已经有相关的记载，当时比较稀少，甚至只有达官显贵才能享用。著名的文人徐渭（即徐文长）还写有五律诗《土豆》：
　　榛实软不及，菰根旨定雌。
　　吴沙花落子，蜀国叶蹲鸱。
　　配茗人犹未，随羞箸似知。
　　妖翾非不赏，憔悴浣纱时。

探索发现事件

发现橡胶树

推/动/战/争/的/树

> 橡胶树是一种原生于巴西密林的树种，它可以生产出天然乳胶，是一种非常珍贵的树种。它被法国人带到了欧洲，又被英国人带到了亚洲，几经波折，经历了从西到东的大转移……

人类使用天然橡胶的历史十分久远，最早可以追溯到公元前1600年。当哥伦布踏上新大陆之后，发现南美洲的土著人会玩一种有弹性的球，它是用硬化了的植物汁液做成的。他觉得很蹊跷，于是便弄了一些样品带回欧洲。橡胶自此开始走上了世界舞台。

会哭泣的橡胶树

橡胶树的树皮里有大量能够制造胶乳的乳管，当树皮被割破后，便会溢流出来，所以这种树又被称为"会哭泣的树"。

橡胶树胶乳流动的快慢和数量，与温度和空气湿度有密切的关系，所以一般割胶都是在凌晨。据分析，割胶的最佳温度是19～25℃，这时胶乳的产量和干胶的含量都高。当气温超过27℃时，水分蒸发快，胶乳凝固快，排胶时间短，产量就低。但也不是温度越低越好，当气温低于18℃时，胶乳流速放慢，排胶时间长，胶乳浓度低，还容易引起树皮生病或死皮。在割胶季节里，清晨4—7

[流出乳胶的橡胶树]

时的气温，一般就在 19 ~ 25℃之间，最为合适，产量最高。

天然乳胶的应用

当橡胶树被世界知晓之后，大家并不明白该怎么使用这种天然乳胶。亚马逊雨林中的土著人对橡胶的利用有很多实用的招数。他们用橡胶处理衣物，使衣物具备一定的防水能力，或者直接将三叶橡胶树的胶乳涂抹在脚上，制成非常简陋的雨靴。

这种简陋的使用方法，并没有将橡胶巨大的价值发挥出来。直到 1736 年，法国探险家拉孔达明将亚马逊雨林出产的天然橡胶，带到了法国并交给法国科学院研究。在接下来的几十年间，科学家们对这种新奇的物质进行了大量研究。之后，橡胶就开始被广泛地应用于防水材料领域。

[法国探险家拉孔达明]

硫化技术将橡胶需求推到顶峰

1844 年，美国发明家查尔斯·固特异开发出了橡胶硫化技术。这项技术大大提高了橡胶对于温度变化的耐受力，彻底克服了天然橡胶制品冷天变硬、热天变软的顽疾。在这一技术发明后的 30 年间，工业界对天然橡胶的需求增加了 100 倍之多。

到了 1888 年，英国人邓禄普发明了世界上第一条充气轮胎。最早时，充气轮胎只是用在自行车上，但是随着技术的发展，橡胶充气轮胎最终成了汽车的

[美国发明家查尔斯·固特异]

探索发现事件 | 47

标准配置。

进入 20 世纪后，汽车产量进入高速发展阶段，橡胶的需求量也不断攀升。

众所周知的"黑色黄金"

随着天然橡胶身价的提升，采集橡胶树的胶乳成了可获利颇丰的行业。无数人带着发财的梦想，涌入橡胶树生长的亚马逊雨林，试图找到可以让他们暴富的"黑色黄金"。曾经不值一提的土著村落，摇身一变成了众人奔赴的向往之城了。

比如秘鲁的伊基托斯，本来只是个几百人居住的小村落，在 19 世纪末，来自世界各国的橡胶探险家们，将伊基托斯变成了一座居民超过 2 万人的城市；再如亚马孙河流域最大的城市——巴西的玛瑙斯城，更是一度成为全世界天然橡胶产业的中心。用橡胶换来的巨额财富为这座城市带来了当时最先进的电话系统、电网、医院、学校和"人均消费钻石最多的城市"这一闪亮的头衔。

橡胶种植业迅速扩大

曾经拥有西半球大片亚马逊雨林的国家巴西和秘鲁两国，依靠生长在雨林中的三叶橡胶树成了世界上最重要的橡胶生产国。位于亚马孙河流域的巴西玛瑙斯市的橡胶产量曾经一度占全世界总产量的 40%。

由于橡胶需求的不断攀升，橡胶树开始人工种植，随之，南美的橡胶种植

[骑自行车的邓禄普]

❦ 三叶橡胶树别名巴西橡胶树，是一种在世界上普遍栽培的橡胶树。但是要注意，它在我国被植物图谱数据库收录为有毒植物，其种子和树叶有毒，小孩误食 2～6 粒种子即可引起中毒，症状为恶心、呕吐、头晕、四肢无力，严重时会引发抽搐、昏迷和休克。

业迅速扩大，到了第一次世界大战期间，美国对于橡胶的需求量非常大，这大大加速了橡胶种植业的发展。在之后的 10 年间，仅在巴西，美国亨利·福特汽车公司就拥有超过 3000 公顷的橡胶树林。

从西到东种植橡胶

1876 年，英国人威克姆将 7 万颗橡胶树种子悄悄地运出了巴西，送往英国，橡胶树从西半球来到了东半球。橡胶树在英国长势喜人，获得了巨大的利润。随后，英国人又将这些比黄金还要珍贵的橡胶树幼苗，运到了英国在亚洲的殖民地斯里兰卡和马来西亚。

虽然长途运输导致大部分橡胶树幼苗中途夭折，但存活下来的几百棵橡胶树幼苗在这些国家生长良好，逐渐繁衍成为成片的橡胶林，并且渐渐扩散到周边的国家。随后，南美洲橡胶种植业开始衰败，亚洲成为世界最大的橡胶种植区域。

日军偷袭珍珠港，橡胶树是重要原因之一

1939 年，第二次世界大战爆发，再一次将橡胶的需求推至前所未有的程度，同时也阻断了正常的橡胶贸易，甚至有些战争就是为争夺天然橡胶来源而开战的。比如日本，为了争夺南亚的橡胶树林，必须打败当时控制着太平洋的美国海军。为了打败美国海军，日本发动了对美国珍珠港的偷袭，试图短期内瘫痪美国的太平洋舰队。

很大程度上，橡胶树的诱惑导致日本选择了一种错误的战略，并最终使得正义的一方取得了战争的胜利。橡胶树在历史的车轮前进过程中，做了一个小小的推动。

❋ [哥伦比亚于 1956 年发行的以橡胶园为图案的纪念邮票]

❋ 1895 年，第一条充气汽车轮胎问世。这给轮胎业带来了迅猛发展的机会，汽车轮胎开始进入商品生产阶段，成为天然橡胶的主要消耗者。同时，轮胎的大批量生产也推动了橡胶工业的蓬勃发展。

❋ [马来西亚发行的以工人割胶以及经过加工后制成航空轮胎为图案的邮票]

❋ 合成橡胶是人们采用化学方法人工合成的一种性能类似或超过天然橡胶的有机高分子弹性体。合成橡胶是以石油、煤炭等为初始原料，通过多种化学方法，先制取合成橡胶的基本原料，再经过聚合反应以及凝聚、脱水、干燥、成型等工序，制得具有弹性的高分子聚合物。但是，其韧性或各方面性能远不如天然橡胶来得更好。

探索发现事件 | 49

发现玉米
粮/食/霸/主

玉米是如今世界产量最高的谷物，它比大米和小麦更耐热、耐旱、耐瘠薄，在人类发展史上数次扮演了救荒的角色。

今天，要问全世界产量最高的谷物是什么？毫无疑问是玉米。据调查，2018 年，全世界的玉米总产量为 10.75 亿吨，远高于大米的 4.87 亿吨和小麦的 7.548 亿吨，占到全世界谷物总产量的三分之一。玉米的种植历史非常悠久，至少在 7000 年以前，墨西哥人就把一种野草培植成了高产美味的玉米。玉米的整部培植史既反映了古人的智慧，又体现了今人的高超技术。

玉米从何处而来？

玉米的形态在植物中可谓绝无仅有。即使是植物分类学家，一开始也觉得玉米（大名叫"玉蜀黍"）在禾本科中是个另类，为它单独建了一个属——玉蜀黍属。

拿玉米和其他植物相比，最相似的就是类蜀黍属的植物。尤其在类蜀黍属植物开花的时候，经常会被错认为是玉米，但是它结果之后，果穗又细又长，与玉米相似的果实外皮之下稀稀拉拉地结出几粒果实，这和肥壮的玉米差距很大。

正是由于栽培的玉米和现存的野生近缘种类差距实在太大，所以关于玉米的出身就成为学者们争论的焦点。有人认为，玉米是由类蜀黍属植物培植而成；另一些学者则认为玉米是跟别的植物杂交而成，为此，持这两派论点的人彼此争论不休。

[佛罗伦萨法典中记录的耕种玉米]

探索发现事件

❋ [哥伦布1492年踏上美洲大陆，这使当时的欧洲人才有机会第一次接触玉米]

❋ 玉米是哥伦布从美洲带回来的重要高产农作物之一，并在明朝时传入中国。20世纪80年代曾有部分观点认为玉米的原产地是中国，这些观点现在一般认为证据不足。

❋《金瓶梅词话》里面提到了两次玉米面做成的美食：
第31话里有"一盘烧鹅肉，一碟玉米面玫瑰果馅蒸饼儿"；
第35话里有说到西门庆在翡翠轩宴客时，又有"两大盘玉米面鹅油蒸饼儿"出现。
专家认为这说明在明代玉米是比较珍贵和少见的食材。有专家分析，甚至在乾隆时期，玉米还是皇家贡品。乾隆至道光年间，玉米才开始在中国广泛种植。

哥伦布发现玉米

众所周知，哥伦布发现了新大陆，1492年，他到达古巴发现了玉米，虽然他不认识这到底是个什么东西，但是他还是要求他的记录官将其外形记录下来，然后带着画像回到了西班牙。伊莎贝拉一世看到这幅画像之后，对其非常感兴趣，于是在1494年，哥伦布把玉米带回了西班牙。自此开始，玉米开始随着航海业的发展，传到世界各地。

大量食用玉米，导致吸血鬼的出现

大量食用玉米后，人们渐渐发现，会出现皮肤发炎的症状，裸露的皮肤被

探索发现事件 | 51

[《星际穿越》中大片玉米田的剧照]

阳光照射之后，会变黑、变硬、脱落、流血。于是人们开始把疾病原因锁定在玉米身上，起初人们怀疑它含有某种病毒，或者是毒素，可自古以来就吃玉米的美洲人民却没有这种病。

其实这其中的原因来自加工玉米的方式上。在美洲，加工玉米时会用加石灰或者草木灰的水浸泡玉米，并进行加热熬煮，这歪打正着之下，补充了玉米的不足。因为玉米是含有烟酸的，能与半纤维素形成一种复合物，这种物质不能被人体吸收，而石灰和草木灰都是碱性的，用它们来浸泡并加热玉米，半纤维素会发生水解而把那些烟酸释放出来。

欧洲人引入玉米时，并未将这种加工方法引入，于是导致了疾病的暴发，人们在大量并长时间食用玉米后，皮肤经过曝晒就会引发皮炎，严重的皮炎看起来非常恐怖。

18世纪之后欧洲出现了吸血鬼的传说，吸血鬼怕光，外表恐怖。所以，至今人们仍然怀疑，吸血鬼的传说是不是就是起源于这种疾病。

末日粮食

看过《星际穿越》这部科幻电影的朋友，想必应该知道，在影片中，激发人们穿越虫洞寻找新家园的最大原因，就是地球环境的极度恶化：高温、干旱和疫病席卷了全球，人类只能依靠种植玉米苟延残喘……这种场景不仅是在电影中，在19世纪中期，当时的瘟疫摧毁了欧洲的马铃薯种植业，随后，玉米成了缓解这次饥荒的关键粮食之一。这次类似"末日"的预演，使得玉米在欧洲变得流行，大量逃入美国的饥民，也在美国中西部大量种植玉米。在不到200年的时间里，玉米以其高产和易植的特性，顺利击败了欧洲、西亚地区种植的小麦、土豆和东南亚种植的水稻，登上了世界粮食霸主的宝座。

❀ 在玛雅的创世神话中，众神先是用泥造人失败，又用木头造人失败，最后用玉米造人，结果获得了成功。

发现辣椒
冒/牌/胡/椒

辣椒又名番椒、海椒、辣子等，原产于南美洲，哥伦布发现新大陆后传到欧洲，虽然起初是因为它的辣味与胡椒很像，而被认为是另一种胡椒，但这并没有妨碍它立刻传遍世界的步伐。

探索发现事件

❋ [哥伦布在新大陆]
哥伦布向当地土著预测月蚀。

如果说要选一种世界通行的调料植物，大概非辣椒莫属了。从中国的大菜到东南亚咖喱，从美式汉堡到海鲜蘸料，再到墨西哥卷饼中的馅料，辣椒的身影无处不在。可是，你可能想象不到，辣椒进入我国仅有300年的时间。

❋ 中世纪的欧洲，胡椒简直可以和黄金等值，一个人在长途旅行时，可以携带金币，也可以携带胡椒，钱花完了，用胡椒付账有时也是可以的。

误打误撞发现辣椒

1492年，哥伦布经过70天的航行，到达了他所认为的印度（其实是美洲的巴哈马群岛），他在岛上寻找黄金的时候，发现了辣椒，又错误地把辣椒当成此行要寻找的香料之一——胡椒。

中世纪欧洲的有钱人被称为"胡椒袋子"，穷人则被人轻蔑地形容为"他没有胡椒"，可见胡椒是多么的风靡。

探索发现事件 | 53

虽然辣椒和胡椒长得不像，但味道上都带有辣味，哥伦布认为他找到了胡椒的不同品种，并给西班牙国王传信道："这里有一种叫 Aji 的胡椒，价值高于一般的胡椒。"

冒牌胡椒

当辣椒被哥伦布当成贵重香料"胡椒"带回欧洲后，并没有获得认可，因为欧洲人认为它不是香料，并且不能给西班牙皇室带来财富，哥伦布也因此逐渐失去了皇室的信任。

皇室贵族们虽然不看好这些"胡椒"种子，不过地中海周边的居民却好奇地开始种植这种奇特的"胡椒"，并很快喜欢上这种辣味。

在此后的几个世纪，欧洲人凭借先进的武器和航海技术在世界各地殖民，无形的食俗和食材迅速传播到了其他大陆，这其中就包括他们刚刚从美洲人那里引进的辣椒。辣椒从此开始了它的环球之旅。

风靡全球的美味之源

如果没有辣椒，川菜不可能普及这么广，可你知道吗？辣椒传入我国的历史非常短。在明朝末年，辣椒才由菲律宾经过马六甲海峡进入我国澳门及其他沿海地区，所以说中国人吃辣椒的历史不超过 400 年。

最先开始食用辣椒的是贵州。清朝康熙年间，黔地严重缺盐，辣椒因为代

❋ 印度是辣椒消费最多的国家，辣椒被赋予了神奇的效力。在印度南部，人们习惯在房门外挂几个辣椒与柠檬来避邪。

❋ [辣椒]

哥伦布是辣椒名称混乱的始作俑者，后人又沿袭了他的错误，甚至影响到多个语种。英文"Red pepper"和"Hot pepper"中的"pepper"也是混淆了胡椒与辣椒。而英文"Chili"则出自墨西哥纳瓦特尔语，由此衍生西班牙词汇"Chile"，接着又转变为美式英语中的"Chili"。

❋ [世界上最辣的辣椒：龙息]

卡罗莱纳死神辣椒曾经以 220 万单位的辣度位居世界第一，还获得了吉尼斯世界纪录，但那已经是曾经了。英国果农迈克·史密斯培育出了新的辣椒冠军龙息，据专家称，嚼一口这种辣椒有导致休克和死亡的风险。

盐的作用被当地民众所接受。毗邻贵州的蜀地食用辣椒则是道光以后，因为雍正和嘉庆年间的《四川通志》都没有种植和食用辣椒的记载。到光绪时期，辣椒才成为川菜中主要的香料之一。也就是说 200 多年前的川菜中只有花椒，是麻而无辣的，而如今"麻辣"早已成为川菜的符号。

发现烟草

从/圣/药/到/毒/药

探索发现事件

烟草也是哥伦布探索新大陆之后带回欧洲的,并随着欧洲人的航海足迹遍及全球。

[墨西哥帕伦克神殿壁画]

❋ 在当今的玛雅斗牛节的新年仪式上仍包含着古老的用烟草供神的元素,例如仪式上摆着十三支当地的葫芦烟;当地种植的烟草被认为是抵抗邪恶之神的力量;桑德斯人仍把神奇魔力归因于烟草,他们把烟草粉末撒在重症病人的胸部和脸上;查尔蒂人则把烟草和烟草用具视若珍宝,死后带着这些东西一起入土。

香烟的历史有多久?不客气地说,它伴随着整个人类进化的历史。因为最新的发现表明,人类吸烟的历史最早可以追溯到原始社会。

最早的吸烟者

墨西哥帕伦克一座神殿的墙壁上,保留着一幅半浮雕画像。画像上,一些玛雅人正在举行祭祀典礼,一个玛雅祭司身着华丽精致的礼服,捧着一根管状烟斗，正在一吹一吸地喷吐着烟气，他的头上还顶着几匹呈帽状的烟叶。从这幅图上所记载的年代看，画中人物被公认为是世界上最早的吸烟者。

据专家介绍，玛雅人的烟瘾很大，他们会将自己包装好的雪茄烟在邻城售卖。他们会摘取庄稼的第一片叶子，卷成一支烟状，用晶片聚焦太阳将其点燃，然后将其供在象征土地的奥拉神面前，就如同奥拉神在抽烟一样。

哥伦布发现烟草

1492年，哥伦布一行到达美洲之后，当地土著热情地赠予他烟草，于是哥伦布将其带回了西班牙。

随后，欧洲人从对烟草的好奇到尝试，很快就成了烟民。仅仅在哥伦布发现美洲十几年后，抽着烟的欧洲人形象已经在航海家的日志中大量出现，他们这样记录道："每天有很多海员从新大陆返回欧洲，他们的脖子上大都挂着一种用棕榈叶做成的小烟斗。海员们认为吸入的烟雾不仅可以抗饿解渴，还可以驱除疲劳恢复体力。就如醉酒一般，味道浓烈的烟雾让他们大脑彻底放空，精神也由此得到放松。"

圣药

烟草在当时的作用远远不止这些，它更是被作为药物使用。比如印第安女人从不抽烟，但她们在肚子不舒服的时候，往往会在腹部抹一点热油，

[吸烟的男子 -1595年]

❋ 种植烟草很艰辛，由于非洲奴隶贸易，17世纪晚期的弗吉尼亚州每年可以提供2500万磅（约为1万吨）的烟草，成为美国头号输出烟草的殖民地。

❋ 烟草药用的习惯一直延续到了20世纪，在这个阶段，人们普遍将药用植物的叶子卷成烟卷点燃，病患通过吸入烟卷散发出的烟雾，以驱除体内病痛。

然后把烟叶放在火灰下加热，之后热敷在肚子上。

在16世纪的欧洲，烟草被作为一种治疗牙痛、寄生虫病、口臭和破伤风的药物，部分欧洲人甚至认为烟草可以治疗黑死病。而在西班牙，烟草更是被称为圣药。

❦ 1868年7月11日，早期的民间反烟草组织"反对滥用烟草联盟"（AFCAT）在法国成立。《茶花女》的作者小仲马随后也加入了这一组织，据说是因为其父大仲马嗜烟如命的习惯让小仲马相当反感。

❦ [教皇乌尔班八世]

教皇乌尔班八世在教旨《为了将来的回忆》中写道："令人厌恶的烟草汁液玷污了神圣的教袍，刺鼻呛人的烟味污染了神圣的殿宇，也让那些一心向好的教徒们感到无比愤慨。吸烟者们早已将对神明的敬畏之心抛之脑后。"

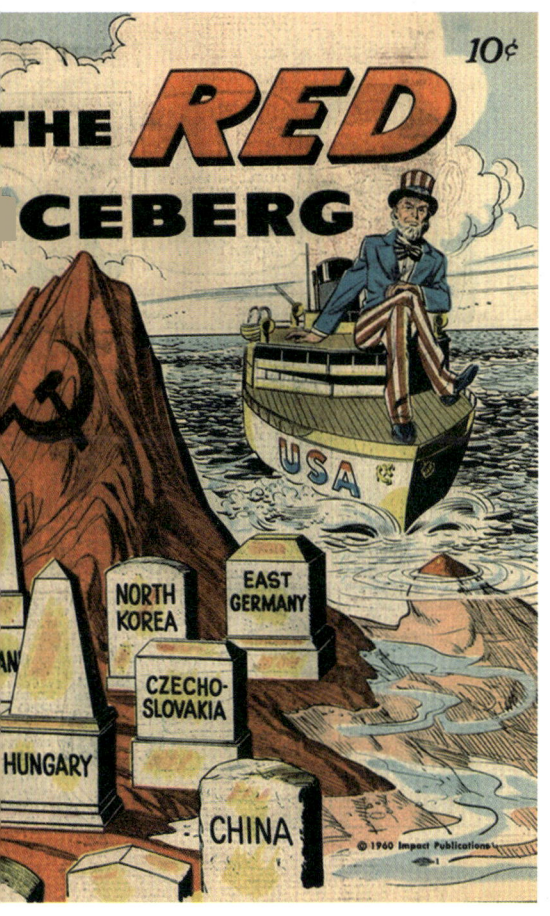

❦ [香烟广告]

第一个商业烟草种植基地

随着药用的推广，烟草的需求量增加，同时由于西班牙在海洋上的失利，英国在弗吉尼亚州的殖民者约翰·罗尔夫搞到了烟草种子（开始西班牙人威胁原住民只能把种子卖给西班牙人，如今西班牙失利了），并把它们种植到了弗吉尼亚州的庄园中。罗尔夫的烟草种植地成了世界上第一个商业烟草种植基地。他比较了世界上不同的种植技术，很快就培育出了一种口味独特的烟草，并占领了欧洲市场。

从美洲到欧洲，再到中东，抽烟很快成为几乎是全人类的爱好。1575年，烟草横渡太平洋，传入菲律宾；1590年，烟草传进日本。16世纪至17世纪，频繁

探索发现事件 | 57

的战争加快了烟草的推广和普及。

基督教会的反烟行动

对于当时虔诚的基督教徒来说，弥漫的烟雾让人联想到邪教仪式，于是在1642年1月30日，教皇乌尔班八世颁布了将所有吸烟者逐出教会的教令："无论个人还是团体，无论男女，无论普通民众还是神职人员，任何人无论以嚼、吸或抽烟斗等任何方式在教堂内吸食烟草都将被逐出教会。"

然而，这些禁令在实际执行过程中并不十分有效，以至于1681年新教皇重申其前任的禁烟通告。很明显，基督教会的反烟行动还是以失败告终。

发现"尼古丁"，从圣药变毒药

1828年，德国化学家W.波塞尔特与L.莱曼首次从烟草中分离出一种有害的活性物质，并将其称为"尼古丁"。

此后，"烟草无害"的观点开始受到质疑。19世纪中叶，关于烟草的调查和试验更是证明了烟草的危害性，并且结果获得了烟草厂的支持，一时间，烟草摔下神坛，从圣药变毒药。

吸烟有害健康

第二次世界大战之后，美国人为了更好地去除烟草中的尼古丁，掌握了先进的过滤香烟开发技术，1952年由罗瑞拉德公司出品的"健牌"香烟推出之后，

[奥黛丽·赫本－海报]

对烟草的热爱并不止于男性，历史上女性的抽烟率也曾经很高。影星奥黛丽·赫本无疑是女烟民中较为著名的一位。

19世纪中叶，关于烟草的调查和试验更是证明了烟草的危害性：
"将一只小狗或小猫放进含有300立方英寸（约为4.92立方分米）空气的空间里，然后将8克烟草燃烧后所产生的烟雾引入其中。一刻钟过后，动物开始出现中毒症状；半小时或45分钟后，试验对象死亡。"

很快就占领了相当一部分市场份额。

过犹不及是世间所有物质的共性，烟草也是这样，少量尝试，可以作为药物使用，如果大量地吸食，肯定对身体有害。即使如今每一包香烟的外包装上都标有"吸烟有害健康"的字样，但依然无法阻挡吸烟者对其的吸食热情。

发现可可豆

价/超/黄/金/的/饮/料

如今的巧克力只是普通的糖果，但是在以前，巧克力是被当成奢侈品的，就连王室贵族也不能大肆享用，其配方更是国家最高机密之一。

可就是我们俗称的可可豆，这个名字来自1753年瑞典自然科学家卡尔·冯·林奈。

神之食物

可可豆是个长得如杏仁般大小的豆子，最早是在公元900年被玛雅人发现的，当时的人们没有研磨技术，却懂得将其泡在水里饮用，就像我们的茶叶一样，提神醒脑，当时被称之为"Xocoatl"，被尊为"神之食物"。

玛雅文明神秘消失之后，托尔特克人来到阿兹特克，他们依然按照玛雅人的习惯那样，拿可可豆泡水来喝，这时的可可豆依然被视为神圣之物，是智慧和能量的来源，于是渐渐地成了可流通的货币，或者是用来进献给神灵的祭品。

哥伦布与之失之交臂

可可豆在美洲悄无声息地存在了近500年。1492年，哥伦布在新大陆上品尝到了可可水，但是他感觉这种水太苦了，

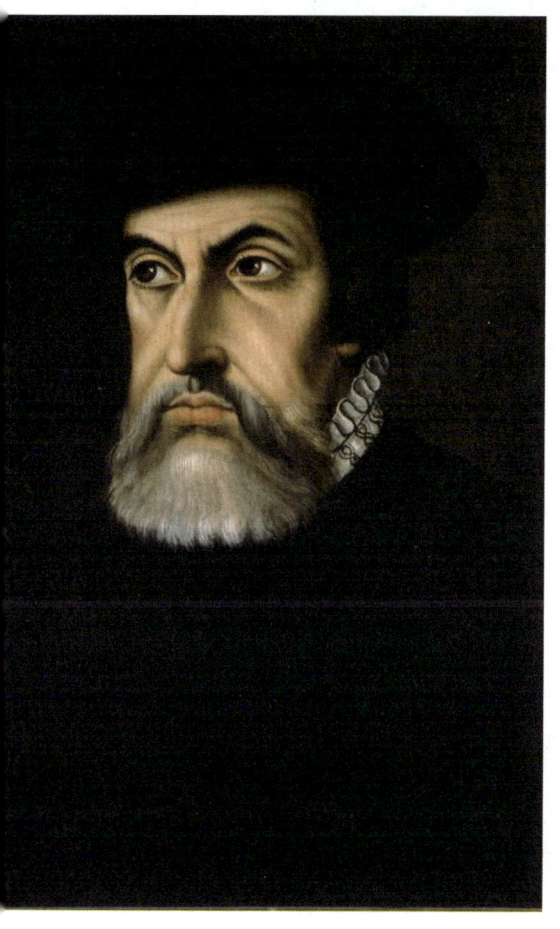

[带回可可豆的探险家——埃尔南·科尔特斯]

探索发现事件

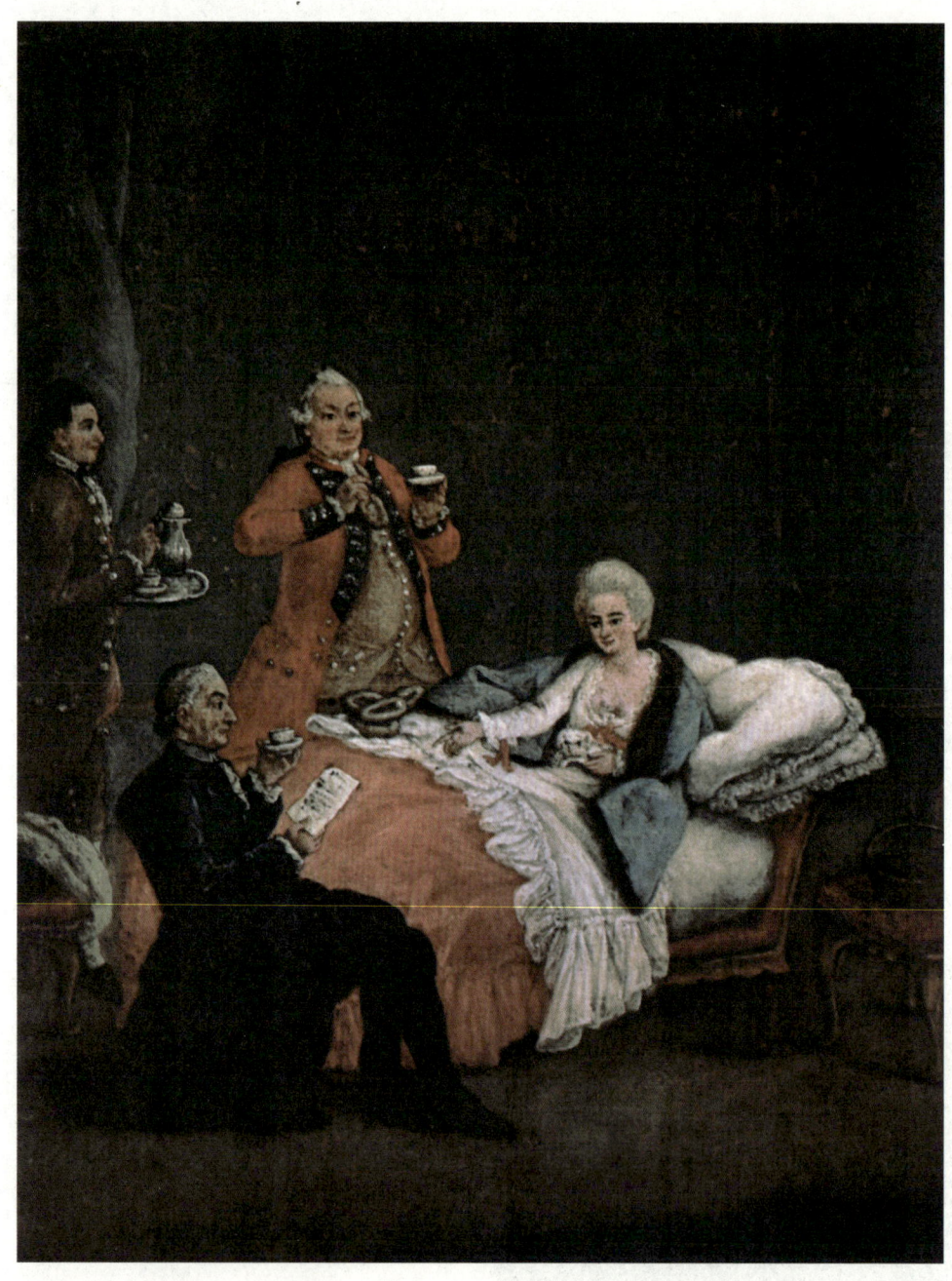

❖ [有巧克力的早晨 – 1775—1780 年]
当时的西班牙贵族虽然能够喝到巧克力，但是并不是想喝多少就有多少，而是要限量供应，并且是经过统一制作之后分发。

于是就这样错过了这个新鲜物种，转而去寻找他更青睐的黄金去了。直到 1528 年，西班牙航海家埃尔南·科尔特斯来到美洲，他将这种金褐色的豆子和具有异域风情的饮料配方带回了西班牙。可是，可可豆的味道确实是苦的，为了改变这种味道，西班牙人在其中添加了糖和肉桂、香草等配料，他们将其称为巧克力，很快这种味道就被欧洲人广泛接受，之后便成为一种时尚饮品，在西班牙皇宫流行了近一个世纪。

[玛雅壁画]

可可豆被尊称为"神之食物"。上图中装满可可豆的罐子显然就是贡品，而左侧的祭司禁止右侧的人触碰这个罐子。

巧克力成为西班牙皇室的特贡饮品，并且配方一直保密。直到 1615 年，西班牙公主安娜与法国国王路易十三成婚，这种饮料被带到了法国，之后，这种饮料在法国宫廷以及欧洲的上流社会中成为不可多得的稀罕物。

奢侈品中的新贵

看到法国人如此喜爱巧克力，西班牙人嗅到了财富的味道，他们首先去美洲的殖民地开发种植可可的业务，然后对欧洲其他国家保密可可加工工艺。不过后来被一个西班牙工人泄了密，巧克力作为一种美味浓郁的饮品开始风靡于欧洲皇室和贵族圈。

[固态巧克力发明人——约瑟夫·弗赖]

探索发现事件 | 61

当时巧克力是一种特权及富贵的象征，因为它不是一般老百姓所能消费得起的，其价格甚至比金银珠宝还要贵重，据说100个可可豆就能换一个奴隶（100个可可豆大概只能做成我们所熟知的两小块德芙巧克力）。

从液体到固体的转变

工业革命时期，巧克力仍然是奢侈品中的新贵，直到1657年，英国开设了世界上第一家巧克力商店。说是对公众开放，但那时这种高大上的饮料仍然算是奢侈品，主要出售对象是贵族和政客。

早期的巧克力都是以液体饮料的方式出现，随着可可树种植量的不断增大，巧克力也越来越便宜了，但是却依然无法改变它的外形。

直到1847年，一个叫约瑟夫·弗赖的英国人在巧克力饮料中加入可可脂，制作出了固态巧克力，不仅方便携带而且口感更好，这就是大家现在所食用的固态巧克力。之后瑞士人又做出了各种花样，如牛奶巧克力、白巧克力、夹心巧克力等，使得巧克力的口味更加丰富。

[各色人种都爱喝巧克力饮料]

❋ 情人节为什么要送巧克力？最广为流传的说法是巧克力的主要成分苯基胺能引起人体荷尔蒙的微妙变化，让人心跳加速，犹如"热恋般的美妙感觉"，所以情人直接赠送巧克力让恋情更加甜蜜。

❋ 第二种说法是情人节送巧克力的做法是日本"二战"后为刺激国民购买力，商家想出的市场推广手段。之后每年巧克力商家都在情人节前宣传推销巧克力，直至情人节送巧克力的做法深入人心。

Chapter 2
科技更迭事件
Science and Technology Change Events

维京龙头船

维/京/人/的/辉/煌

维京人依靠轻便的龙头船肆意在海上横冲直撞，在表面风光的龙头船之下，掩藏着维京人不可思议的勇气和坚毅。

公元 10 世纪以前，维京人南下来到欧洲，他们在这里抢劫想要的一切。他们是航海家，也是侵略者；是商人，也是海盗；是出色的水手，也是英勇的战士。

维京人从北海航行到地中海，又来到大西洋，凭借着非同寻常的勇气和毅力，完成长时间的航行，为什么这么说呢？通过仔细观察维京龙头船的结构就可以知道。

维京龙头船的船艄以龙头雕像作为标志，船体十分修长，中间竖立一支巨型的桅杆，并挂有方形的风帆，长度为 10～30 米，其平均排水量为 50 吨。维京龙头船是没有船舱的，其裸露的甲板，也不能起到遮风挡雨的作用，所以维京人用油脂浸过的皮革覆盖在船的某些部分，一旦遇到大西洋的狂风巨浪，他们便可以躲到小小的皮革之下。

维京人身着皮毛衣服，挤在可容纳两人的睡袋之中，这些所谓的"睡袋"也是动物的外皮浸入油脂之后制作成的，可以用来防水。维京人挤在其中，直接在甲板上睡觉，风雨和巨浪仍然使他们

[维京龙头船]

又冷又湿，航行期间被冻死或在睡梦中被巨浪卷下海淹死都是很常见的事。

维京龙头船由于吃水浅，速度快，转向灵活，十分适合远征异地时突袭式的劫掠活动。它们常常悄无声息地出现在海岸，径直冲上海滩，船上的水手随之大喊大叫着涌向岸边。维京龙头船对维京人肆掠欧洲起到了极其重要的作用。

当然，使用这样的船只出海，也存在极大的风险，可见维京人在取得胜利之前首先要忍受极大的痛苦，因此，维京一词最早时候表示贬义，到如今却代表的是勇气。

克拉克帆船

地/理/大/发/现/时/代/功/臣

克拉克帆船也译为卡瑞克帆船，它是一种盛行于 15 世纪的三桅或四桅帆船，有着巨大的弧形船艉和斜立于船头的桅杆。这种船是第一种用作远洋航行的舰船，也是在地理大发现时使用率最高的舰船。

公元 13 世纪，葡萄牙人为了运输方便，开始改良柯克帆船，他们在柯克帆船的基础上增加了一根桅杆，主桅杆挂方形大横帆，后桅杆挂三角帆，这就是最早的克拉克帆船。

横帆加纵帆的搭配使克拉克帆船有了更加强大的适应性：既能适应地中海多变的风向；又能抵挡大西洋强烈的巨浪，所以受到了海商的欢迎，并开始大量生产。

15 世纪，克拉克帆船成了那个时代最优秀的欧洲船，它可以携带火炮、船员、武器横渡大海，并满载着异国货物返回欧洲，为商人们大赚一笔。在 16 世纪初，克拉克帆船更是被安装了多层甲板，以便于安装更为巨大的炮座，来增加威力。克拉克帆船的改良为海战带来了新元素，使得海战不再是两船间短兵相接及弓箭互射的模式，而转变为更具威力的炮战，也引申出后来战列舰的形成。

克拉克帆船精良的装备使得欧洲殖民者得以攻占多个地区，比如西班牙和葡萄牙两个海上强权就是在 15—16 世纪期间使用这种帆船来进行远洋探险，并建立了一个又一个的殖民地。

[16 世纪的克拉克帆船]

1519 年，当麦哲伦扬帆进行环球航行时，他所用的船只就是克拉克帆船。但毫无疑问的是，最为著名的克拉克帆船是那艘"圣玛丽"号，它是 1492 年哥伦布发现美洲时的旗舰。

科技更迭事件

西班牙大帆船

西/班/牙/海/上/霸/权/象/征

世界历史上最具传奇色彩的帆船，非西班牙大帆船莫属，它是西班牙在16—17世纪海上霸权的象征，西班牙大帆船通常有两层或更多的甲板，常被西班牙用作商船或战舰。

1 517年，最早的一艘西班牙大帆船建造成功，在其后长达一个多世纪的时间里，上面是炮台，下面是货仓的西班牙大帆船牢牢控制着欧、美两块大陆之间的海域，谱写着属于它的传奇故事！

西班牙大帆船的外部典型特征

西班牙大帆船有斜桅、前桅、主桅和后桅，悬挂方形的帆布，那些超大型的大帆船会有两个后桅，被称为第四桅。船艏挂方形的帆布，前桅和主桅挂三块

[西班牙大帆船模型]

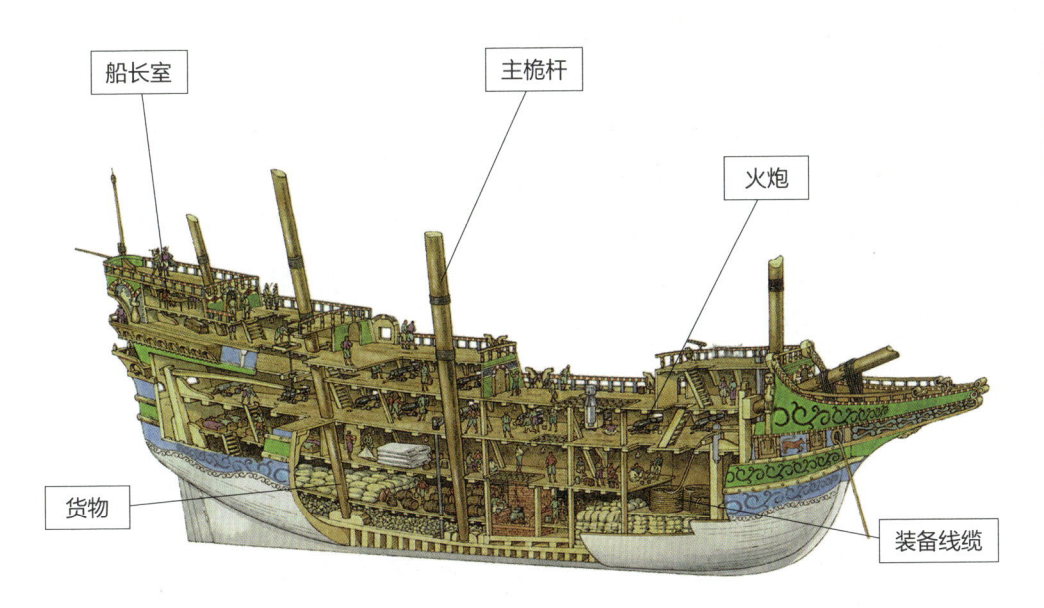

[西班牙大帆船的剖面结构]

船长室　主桅杆　火炮　货物　装备线缆

方形帆布（从上到下分别叫上桅帆、中桅帆和主帆），后桅都挂着一块大型的三角帆。尽管样式随着时间推移发生着不同的变化，但西班牙大帆船的这个基本特征一直持续到17世纪中叶。

> 1610年以后，西班牙人在加勒比哈瓦那拥有当时世界上最大的船坞，在这里建造了大量的西班牙大帆船，用于印度群岛的护航任务。当时大部分的大帆船是由橡木建造的，但哈瓦那建造的西班牙大帆船是采用红木作为原料的，因而它们更加出色。

西班牙大帆船是合格的商船

西班牙大帆船最显著的设计特征就是船体向内倾斜并向船头逐渐变细，细得就像伸入水中的船梁一样，这个设计的目的主要是使整个船的重心可以尽量靠近船中央，提高船的稳定性。另外，因为其体型庞大，抗风暴能力强，并且可以携带更多的给养，更加适合运载货物和兵员，所以它具有远距离海上航行的适航能力。西班牙大帆船因为体型庞大，受到的风阻也会很大，但是可以调节帆船的风帆减少风阻，甚至可以逆风驶行。

西班牙大帆船作为合格的商船，在西班牙海洋霸权时代有着充分体现。

改变了海战的方式

西班牙大帆船在船舷两侧开有几排舷窗，每个舷窗都由铰链控制开启闭合，

科技更迭事件 | 67

舷窗背后安放有加农炮，这些炮可以在作战的时候，通过舷窗轻松地朝敌舰发射。

在靠近下方的舷窗处安放着稍重的大型炮，这样可以使得整条船在航行中更加稳定，另外在较上层的船舱甲板上安放有较为轻型的加农炮，有些还会在最上层安放轻型加农炮，在与敌舰交战时，可以使得海战的初始阶段大大延长，有利于对敌舰进行长时间轰击。而古罗马时代的战船，在敌我相遇后，都是直接将战船冲向敌舰，然后登上对方舰船，双方进行短兵相接的搏斗，这样伤亡很大。西班牙大帆船完全避免了这样的情况发生，在短兵相接前，先用炮打击对手，直到把对方打晕了或者打残了再接近对方，大大减少了战斗中的伤亡。

促进大帆船的变革

西班牙大帆船的出现改变了16—17世纪的海战思路，同时也使得大帆船不断变革。为了更加有利于作战，英国根据西班牙大帆船的特点，改进了当时帆船的作战方法，放弃了原来登陆对方舰船的作战方式，大大改进了舰载炮的射程。此时的西班牙则是将大帆船的船头渐渐地降低，仍然保留着早期登船战的撞角，也和英国一样降低了船头的炮楼，在炮楼上安放了大量的轻型火炮。

随着对西班牙大帆船认可度的提高，帆船越做越大，到16世纪50年代大帆船的吨位已经达到了300吨，1588年西班牙组建无敌舰队的时候，出现了3艘1000吨和8艘800吨的巨型帆船，而500吨以上的帆船更是随处可见。

帆船的外形越来越大，也使得它的大炮越来越大，数目越来越多。到了18世纪中期，西班牙大帆船的甲板上可承载150门炮左右，数目还在增加，使得它在海战中优势凸显。

西班牙海洋霸权的象征

从1517年第一艘西班牙大帆船出现，到1525年西班牙大帆船的数量已经达到了21艘。到了16世纪30年代后，西班牙大帆船的船桨渐渐地被淘汰，虽然有些大帆船还会保留着船桨，但是，这些船桨已经被作为次要动力了。到了16世纪30年代末，西班牙大帆船已经逐步形成了自己的独特风格。

西班牙大帆船在平时是运载货物的商船，当遇到海盗或者敌情的时候，又可以是战舰，所以它们在当时的西班牙海军中扮演着重要角色。

> 西班牙大帆船出现后，小型的大帆船便成了护航舰队新的选择。随着由于私掠者增多而导致印度群岛护航任务的不断增加，它们的数量也在不断增长。在1536年和1543年西班牙颁布的法令中，明确规定了西班牙大帆船应如何进行武装，以及它们所应扮演的角色。

"大亨利"号
世/界/上/第/一/艘/"军/舰"

英格兰都铎王朝的第二位国王亨利八世最为出名之处在于他娶了6个貌美如花的妻子，关于他的情感生活拍摄了很多影视剧，也因此让人忽视了他的许多政绩：他缔造了英国皇家海军，还制造了世界上第一艘"军舰"。

亨利八世喜好研习全球地理，制作了最早的世界地图并且有着统治全世界的想法。地图上美洲大陆将大西洋和太平洋分隔开来，要统治全球就要制造出精良的帆船，所以亨利八世下令制造一艘"无与伦比"的大船，它就是

❀ 亨利八世作为英国都铎王朝第二任君主，最为出名的事迹就是他曾有过6个老婆，他的花边故事被拍成多部影视作品。

亨利八世下令制造、并以自己名字命名的皇家海军旗舰，全名为"上帝的恩典亨利"，简称"大亨利"号。

❀ [战场上的亨利八世（局部）]

科技更迭事件

["大亨利"号 – 《安东尼书卷》]

"大亨利"号是英国总船舶建造师武·庞德监造的一艘"克拉克"型4桅炮舰。

后世能够知晓"大亨利"号的诸多数据，得益于英国皇家海军军官安东尼编撰的《安东尼书卷》。这部书由三个牛皮纸卷筒组成，图文并茂地记录下58艘军舰的大小、船员、装备等信息。1546年皇家海军将它献给国王亨利八世，这是都铎王朝传世的唯一皇家海军舰艇文献。书中插图为研究都铎皇家海军的纹章、旗帜、装饰、装备等提供了扎实的证据。书卷中的《"大亨利"号》插画与记录，也是此船唯一幸存的历史描述（史家认为，此插图可能是以《1520年亨利八世多佛尔港登船》为蓝本绘制的）。

"大亨利"号炮舰

"大亨利"号是一艘"克拉克"型4桅炮舰，前两桅各有三面帆，后两桅各有两面三角帆，船艄竖一面斜杠帆，船体全长约41.4米，宽11.4米，排水量为1000～1500吨。

1514年，"大亨利"号在伍尔维奇造船厂建造完成后，送到埃里斯的海军造船厂安装火炮。在它之前，没有任何船上安装过这么多火炮，因为如果在船上安装的火炮过多，在开火时，后坐力会使得船体剧烈摇动。

为了解决这个问题，法国人德·夏尔日曾经想出来一个办法：将火炮装在下甲板上，并在船体两侧开出炮门，让炮通过此门发射；不使用的时候，炮拉到后边，炮门用铰链关闭，以防止海水渗入。"大亨利"号也采用了这种方法，"大亨利"号装有口径 60～203 毫米的铜制火炮 21 门，射程达 1500 米。这艘前无古人的船最后共安装有 80 门火炮：一部分配置在两层普通的连续的火炮甲板上，一部分配置在舰艏和舰艉的辅助平台甲板上。

在这之前一直是由商船"客串"作为"军舰"使用，也就是将商船简单地改造，加固或加装一些小口径的炮，但"大亨利"号完全不同于以往的军舰，它是世界上第一艘真正意义上的风帆炮舰，真正的"军舰"由此诞生。

"大亨利"号的战绩

1545 年，"大亨利"号参与了对抗法国舰队的索伦特海战，除此之外，便是参与一些外交活动。比如亨利八世曾乘坐"大亨利"号跨海与法国国王弗朗西斯一世会晤。

"大亨利"号军舰的建造，结束了由货船兼任军舰的时代，"大亨利"号的成功，也使英国海军的实力大增，直到 1547 年亨利八世病逝，都无人敢进犯不列颠岛沿岸。

❀ [索伦特海峡瞭望塔]
索伦特海峡是英吉利海峡中的小海峡，位于英格兰汉普夏沿岸和怀特岛之间，西起尼德尔斯，东至南安普敦水道。

❀ 索伦特海战发生于 1545 年 7 月 18—19 日，是亨利八世时期英格兰海军和入侵怀特岛的法国舰队在英格兰南岸索伦特小海峡发生的海战。

❀ 1536 年"大亨利"号进行改造，原来高耸的艏艉楼的高度被降低，大小火炮减至 122 门，载员由 1000 人减少到 800 人，使得这一炮舰更加灵活和实用。

[西班牙巨型盖伦船和英国轻型盖伦船]

盖伦船

英/国/海/军/的/崛/起

盖伦船是16—17世纪世界上最大的海船，它在之前的帆船基础上削平了船艉，这样简单的变动，使船艉的稳定性大大提升，从而越做越大，成为风帆船界的巨物。

16世纪中叶，西班牙在美洲建立殖民地后，需要运载大批货物和士兵横渡大西洋，当时的海船拿屋船和卡拉维尔船已无法胜任这样的繁重任务，于是西班牙人设计了一种新船。它结合了拿屋船和卡拉维尔船的优点：它有4桅，前面两桅挂栏帆，后两桅挂三角帆。它的标准长度为46～55米，排水量300～1000吨，艉楼很高，这种大型的船只有7层甲板，吃水8米，有较好的续航能力，这种船被命名为盖伦船。

与此同时的英国，在霍金斯的指导下，开始发展轻型盖伦船。英国的盖伦船降低了艏艉楼，尤其是艏楼的高度，同时还用方形的船艉代替原来圆形的船艉。这样的新设计使船型相对狭长，航速较快，在逆风中操纵性极佳。此类船的标准长度为50米，排水量500～600吨，其快速性、操纵性明显优于西班牙盖伦船。由于它是在英国伊丽莎白女王时期创制的，因此又称"女王船"。

1588年7月，英国以吨位较小的盖伦船为主力的舰队击败了西班牙无敌舰队的克拉克型帆船，这次巨大的成功使得盖伦船在帆船时代结束之前一直是军舰（包括战列舰）的设计标准。

> 拿屋船是克拉克帆船的一种，艏艉楼较低，但更宽，运载量比一般的克拉克帆船更大，也更平衡，是葡萄牙在亚洲和印度洋等地区的主力战船。
>
> 卡拉维尔船又称拉丁式大帆船，是一种盛行于15世纪的三桅帆船，是在当时葡萄牙政府的管理下开发的，当时的航海家普遍用它进行海上探险。

墨卡托投影

航/海/新/技/术

墨卡托投影是正轴等角圆柱投影，又称等角圆柱投影，是圆柱投影的一种，由荷兰地图学家墨卡托于1569年创立，极大地帮助并影响了后来的航海者。

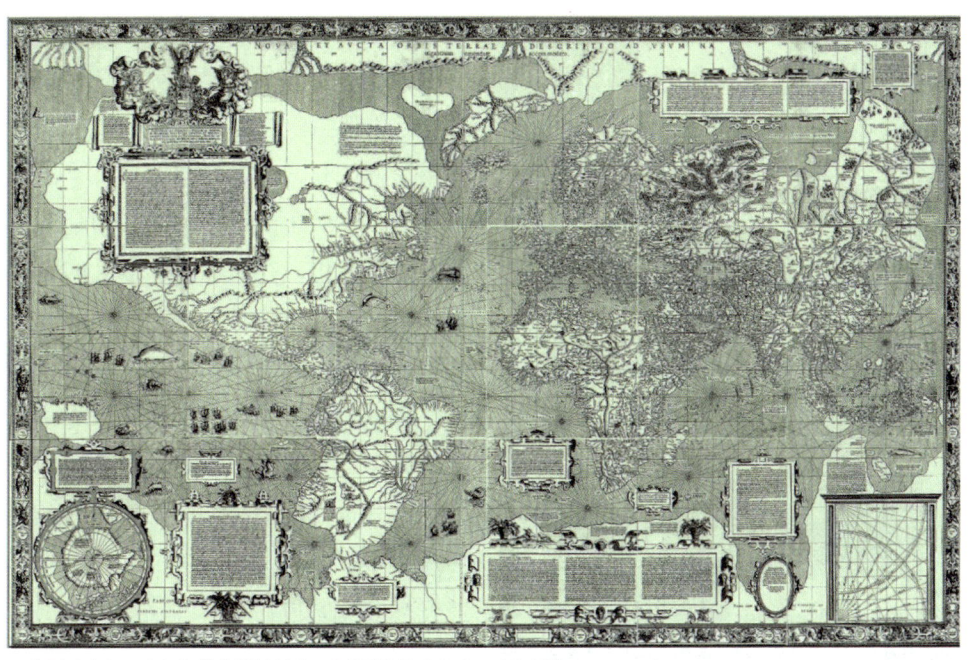

[墨卡托 1569 年绘制的地图，显示的是 66°S—80°N]

墨卡托 1512 年出生在佛兰德，是荷兰著名的地图学家。他的第一件重要作品是一幅非常详细的佛兰德地图。1541 年他为查理五世制作了地球仪，还绘制出第一张现代欧洲大陆和不列颠岛地图。这些丰富的工作经验，让墨卡托意识到，世界需要一张准确清晰的航海图。早期的航海家们发现很难将他们的航线画在图上，因为地球是圆形的球体，子午线像橘子瓣一样汇合在南北两极。那么怎样将球面上的一部分绘制在平面上，从而使航海者可以用直线来表示航线呢？于是在 1569 年，他创立了墨卡托投影。

什么是墨卡托投影？

简单地说就是假想地球被围在一个中空的圆柱里，其赤道与圆柱相接触。

科技更迭事件

科技更迭事件 | 73

然后，再假想地球中心有一盏灯，把球面上的图形投影到圆柱体上，再把圆柱体展开；地图的一点上任何方向的长度比均相等，平行的纬线同平行的经线相互交错形成了经纬网——世界就这样被墨卡托"扯平"了。

为什么航海要用墨卡托投影？

船只航行于大海之上，需要借助航海图确定航线、定位导航和停泊，以保证航行的安全。因为墨卡托投影在地图上保持方向和角度的正确，如果循着墨卡托投影图上两点间的直线航行，方向不变就可以一直到达目的地，因此它对船舶在航行中定位、确定航向都具有重要作用，给航海者带来很大方便，目前95%以上的航海图都是用墨卡托投影海图。

墨卡托投影也并不是十全十美的，因为这种投影方式变形非常严重，比如在墨卡托投影的地图上，非洲的大小和格陵兰岛差不多大，但实际上，非洲的面积是格陵兰岛的14倍。加拿大看起来是个瘦瘦的长方形，但实际上是类似正方形的，不仅扭曲得不像样，而且还被放大了好几倍。在地图上加拿大的面积大约是美国的3倍，实际上加拿大比美国大不了多少。

事实上，不仅仅是墨卡托投影，其他投影变形也是如此，这是绘制地图过程中一直都无法解决的问题。比如，古德投影地图也存在严重变形，可是为了能够更好地航行，只能选择性地使用绘制完整的大洋或者完整的大陆，以避开变形的部分。

❋ [墨卡托投影纪念邮票]

龟船

最/古/老/的/铁/甲/船/之/一

1592年，日本进攻朝鲜，先后夺取了汉城、平壤和开城，这让他们异常狂妄，然而日本的军队居然遭到一个县吏的阻拦，而且被一种没见过的舰船打得毫无还手之力。

1592年春天，日本的丰臣秀吉借口朝鲜拒绝帮助日本攻打中国，调集近20万大军、700艘战船，悍然发动了对朝鲜的侵略战争。

日军在朝鲜登陆，仅用了不到3个月的时间，就接连攻陷了朝鲜的京都汉城及平壤、开城等重要城市，朝鲜国王逃到鸭绿江边躲藏了起来，整个朝鲜如覆巢之卵，岌岌可危。

丰臣秀吉看到如此战绩颇为满意，甚至狂妄地对部众说："用不了多久，不止朝鲜，连大明的地界，都会成为我的地盘。"

就在这话说出去不久，日军在海上遭受了前所未有的惨败，这一年5月，50余艘日本兵船，在朝鲜的玉浦港停靠，船上的士兵大都上岸抢劫百姓财物去了。此时留守兵船的日军发现一群怪异的船只靠拢过来，这些长得像乌龟、背着厚厚龟甲的船只，行动速度极快，远远超过日本战舰。

日军见此立刻警戒，并通知离船的官兵。虽然日军做出了各种警备措施，但是这种长得像乌龟的船，在日

[海战场景]

科技更迭事件

军兵船中穿插着，轻松打乱了日军的战列和战船的队形，使得日军手忙脚乱，无从下手，最终惨败。这就是有名的玉浦海战，这次海战的胜利，粉碎了丰臣秀吉从海路侵略朝鲜的计划。

丰臣秀吉原以为朝鲜的几个重要城市都已经被轻松占领，其他的城市不值一提，他能很轻松地吞下整个朝鲜。然而他做梦都没有想到，自己的兵船在小小的玉浦港被几艘龟船打得毫无招架之力。

李舜臣及他的龟船

龟船是朝鲜人很早就发明的一种战船，船身装有硬木制成的形似龟壳的防护板，故叫龟船。李舜臣改进了龟船的结构和设备，把船身造得更大。

李舜臣出生于1545年，他原来只是一个小县城的狱吏。因为他刚毅勇敢、足智多谋，被宰相破格提升为全罗道左水使，扼守朝鲜海峡。此时，由于朝鲜内部的政治斗争，李舜臣被降职守卫在一个小县城里。

李舜臣治军颇为严格，并且刚正不阿，是朝鲜难得的将才。当他初闻日军入侵的消息时，就开始默默地做准备。他搜集了当时海上稍大一些的渔船，对它们进行改进，造出了一种能克制日本船只的"龟船"，然后对一些愿意跟随他的渔民，进行军事化的训练。李舜臣就是带领这样的一支队伍，指挥着龟船，把狂妄的日本水军打得措手不及。

[李舜臣]

李舜臣字汝谐，号德水。朝鲜京畿开丰（今朝鲜半岛开城）人，李氏朝鲜时期名将，为抵抗日本入侵立下汗马功劳。

[复原龟船－首尔战争纪念馆]

龟船长什么样呢？

从文献记载中我们得知，龟船舷板厚约4寸，约合13厘米。那个时代的日军火绳枪甚至再大口径的大筒，也是不可能穿透的。

当时的海战主要是接舷战术：靠近敌舰后，用钩索钩住船沿，然后攀上敌舰，与对手进行近身搏斗。针对这样的战术，龟船的船背上覆盖着带锥的铁皮。

遇到满身是刺的龟船，接舷战术就好比老虎碰到了豪猪——无从下口，所以日本水军与朝鲜的龟船对敌，败得一塌糊涂。

龟壳之下，别有洞天

龟船有双层或3层甲板，双层甲板的火炮和划桨都在同一个船舱；3层甲板的内部分上下两层，上层为火炮舱，用于射击，下层为动力舱（划桨）和储存舱。

龟船内部有战斗舱、动力舱、储存间、休息所，有将领单间和士兵通铺。可谓是"龟壳之下，别有洞天"。

龟船和日船机动性对比

战舰的机动性在任何一个时代的海战中都有着至关重要的作用。

战船的机动性强就意味着胜利。而龟船，此处拿大型龟船为例，长度30～37米，高约5米，船内能容纳50个作战兵和100多个桨手，船上有可以升降的巨帆，船底两侧则各有10面橹，平时航行靠帆，战斗冲刺时靠桨手划桨。龟船正常航速为4.27节（用帆），冲刺速度达7节左右（划桨）。据说，李舜臣的龟船改造技术得益于我国的"蒙冲"，仔细相较之下，二者应该或多或少有些联系。

日本方面使用的战船为安宅船。安宅船长度接近50米，高近10米，光是橹手就要180人。安宅船追求大，速度就比较慢了，正常航速约3节，冲刺速度5～6节，在机动性方面比龟船大为不如。

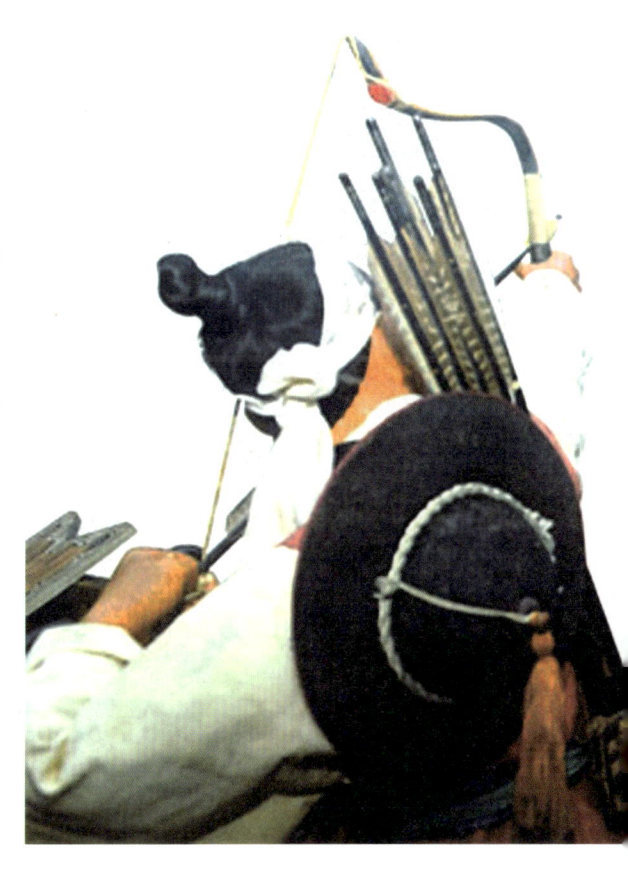

"克莱蒙特"号轮船
蒸/汽/船/走/上/历/史/舞/台

"克莱蒙特"号轮船是近代造船史上第一艘真正的蒸汽轮船。它以铁为新型造船材料，以蒸汽机为新的动力系统，以螺旋桨为新的推进系统。它的诞生标志着帆船时代的结束，蒸汽船走上历史舞台。

[罗伯特·富尔顿]

罗伯特·富尔顿原本是一个画家，并依靠画画谋生。一次偶然的机会他认识了蒸汽机的发明家瓦特，并成为莫逆之交。之后，还见到了由菲奇（此人后来成为富尔顿岳父）设计的蒸汽轮船图纸，之后便痴迷于蒸汽机轮船的设计工作。

聪明的小小少年

发明"克莱蒙特"号的是美国人罗伯特·富尔顿，他出生于宾夕法尼亚州的兰卡斯特，父亲是一个贫苦的农民。小时候的富尔顿非常聪明，但是特别调皮。有一天富尔顿划着木船去钓鱼，船儿行驶到半路上，忽然碰到顶头大风，他拼命地划动木船也无法使船前进，这激发了他的思考：

为什么船儿顶风就划不动？为什么拼命划桨也没用？怎样使划船不费劲儿呢？有没有顶着风也能航行的办法呢……

第二天，风停了。富尔顿又到河边去玩，仍然跳上了那艘木船，研究起昨天的问题，想啊，想啊，他忘记了划桨，只是将两只脚下垂在河里，不停地晃荡、捣动。不知不觉，小船竟慢慢荡到河中心了。

这件事令富尔顿茅塞顿开，他回到家后就用铅笔在纸上涂抹。他想：如果在船上装一个风车似的桨叶在轮子上不

断地转动，拍击河水，这岂不是跟双脚捣动一样，可使船儿前进吗？就这样，一个顽皮的少年，带着对科学的好奇，转而努力学习，直到他遇到了瓦特。

说到瓦特，大家都知道，是他发明的蒸汽机，富尔顿与瓦特的结合，碰撞出一艘不靠人力、风力驱动，可以自己航行的船只。

富尔顿的蠢物

1803 年，富尔顿研制出一艘长 21 米、宽 2.5 米的轮船。这艘轮船其貌不扬，并且还放着一台瓦特发明的烧煤的大蒸汽锅，整条船显得十分笨重。

围观的人称富尔顿的这艘丑陋不堪的船为"富尔顿的蠢物"。试航中，船吐气冒烟，走走停停，没走多远就不动了，在人们的哄笑声中初次试航就结束了。

["克莱蒙特"号]

"克莱蒙特"号是一艘叶轮式轮船，配有功率大约为 15 千瓦的当时最先进的"双作用瓦特蒸汽机"，长 150 英尺（1 英尺合 0.3048 米），宽 13 英尺，吃水深度 20 英尺，通常航速约 6.5 千米/时。

["克莱蒙特"号纪念币]

科技更迭事件

["克莱蒙特"号 – 纪念明信片]

使用蒸汽机为新的动力系统，以螺旋桨为新的推进系统，自此以后，这种船被称为"轮船"，而富尔顿也被称为"轮船之父"。

"富尔顿的蠢物"这个名字便传扬开来。

这次试航没有成功，但是耗尽了富尔顿的所有积蓄。

拿破仑没看上他的"蠢物"

富尔顿没钱了，他盯上了拿破仑。这年夏天刚过，他听闻拿破仑要越过英吉利海峡对英国作战，富尔顿便向拿破仑建议：建立一支不用风帆的蒸汽船队，即使在恶劣的天气也可以轻松远航。但是拿破仑并没有看上富尔顿的发明，而是拿出大笔军费去扩充风帆船队，并不愿意资助富尔顿去做研究。

蒸汽船项目再次启动

在拿破仑那里碰了一鼻子灰的富尔顿有些失望、失落的时候，有朋友给他介绍了美国驻法国公使利文斯顿。

利文斯顿在听富尔顿介绍完蒸汽船后，大声叫好。不仅如此，他还发动了美国实业界捐款，为富尔顿提供研究所需要的各种帮助，蒸汽船项目再次启动。

人见人爱的"宠物"

1807年，富尔顿制造出"克莱蒙特"号蒸汽船，并在纽约市的哈德孙河下水试航。河两岸挤满了围观的人，纷纷嘲笑"富尔顿的蠢物"。

试航开始了，"克莱蒙特"号的大烟囱冒出滚滚浓烟，在蒸汽机轰响声下船慢慢离开码头，向前驶去……

经过32小时的航行，"克莱蒙特"号胜利到达哈德孙河上游的阿尔巴巴城，全程航行240千米，从此"富尔顿的蠢物"，成了人见人爱的"宠物"，富尔顿的名字也随之传遍了美国和欧洲。"克莱蒙特"号的诞生标志着帆船时代的结束，蒸汽船正式登上历史舞台。

"安·玛金"号的试航

飞/剪/式/帆/船/开/始/服/役

飞剪式帆船又名飞剪船，是最早由美国建造的一种高速帆船。飞剪式帆船船形瘦长，前端尖锐突出，航速快、吨位小，起源于到中国从事茶叶和鸦片贸易的贸易商，在美国西部淘金热时得到飞速发展。

以开拓中国市场为目标的美国远洋航海业，极大地促进了美国国内造船业和航运技术的发展，越来越多的美国商船扬帆远航，驶向中国广州。"时间就是金钱"在当时的美国对华贸易中，得到了充分的体现。贸易商们需要快一点、再快一点，所以美国国内的造船设计师也将这点充分应用在帆船上。

亚飞剪式帆船"安·玛金"号

1832年，"安·玛金"号建造完工，该船排水量为493吨，航行时，这种船只几乎是贴着水面航行，在海上能劈浪前进以减小波浪阻力，故曰"飞剪"。

由于"安·玛金"号没有空心的船艄，所以在世界帆船史上被称为亚飞剪式帆船。

[《茶叶全书》]
在美国作家威廉·乌克斯撰写的《茶叶全书》中，专门用一个章节"飞剪船的黄金时代"来描写当时远洋航海技术的日新月异，重点描写了运输时间的缩短对于提高茶叶品质和增加贸易额的重要性。

飞剪式帆船"虹"号

"安·玛金"号的设计，给了许多船舶设计师更多的灵感。1849年，由美国船舶设计师约翰·格里菲斯设计的"虹"号正式下水，这是世界上第一艘真正的飞剪式帆船。

时间就是金钱

不光中国人知道新茶好喝，连欧洲人都知道。这对运输业是一个重大的考验，尤其对于趋利的美国人来说。

当时的美国茶叶市场就如同今天的北京茶叶市场一样热闹，伦敦和欧洲各国茶叶店和杂货店，在橱窗里大幅地张贴"中国新茶上市"的告示，挑逗着爱茶人的购买热情。

商家为了能最快地

科技更迭事件

🌿 历史上，我国的茶叶、瓷器和丝绸这三种商品作为全球最强势的商品，在世界市场中长期无对手，形成了对华贸易的逆差，连当时的大英帝国都无法平衡这个贸易"窟窿"，所以他们必须找到一种平衡贸易的商品，它就是鸦片。

🌿 ["鸦片"号飞剪式帆船]

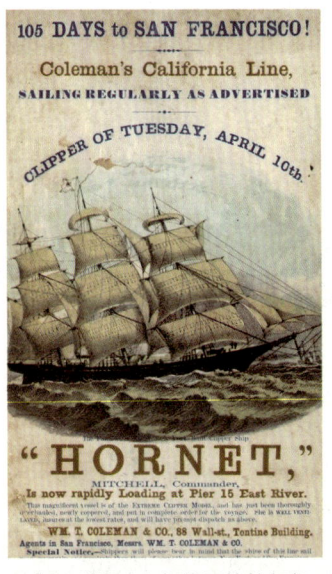

🌿 [19世纪50年代最快的帆船——"大黄蜂"号]

🌿 当时就是追求速度的时代。1839年，美国商船"阿克巴"号曾以109天创造了从纽约航行到广州的纪录。

获得最新的茶叶，纷纷通过飞剪式帆船来运送新茶，否则一旦过了新茶季节，就不会有人踏入他们的商店。

就这样，在中国新茶贸易的推动下，飞剪式帆船不仅仅给茶叶贸易带来了快速发展，还给欧美人民带去中国茶的清新芳香。

飞剪式帆船成了鸦片船

由于美国人可以用来贸易的物品有限，但是他们需要更多的茶叶、瓷器和丝绸等物品。为了获得更多的利益，美国人开始用鸦片来交换茶叶、瓷器等。由此，飞剪式帆船迅速被配备到鸦片贩卖中去，并且还为之配备了强大的火力，飞剪式帆船的名字也变成了"鸦片"号。

"大共和国"号飞剪式帆船

飞剪式帆船在历史机遇下得到了充分的发展，功能越来越完善，速度也越来越快。1853年，"大共和国"号飞剪式帆船下水，这艘船长93米，宽16.2米，航速每小时12～14海里，横越大西洋只需要13天，由此飞剪式帆船的发展到达顶峰。

"光荣"号的试航
开/启/蒸/汽/装/甲/舰/的/时/代

铁甲舰是木质帆船向现代舰船进步的一个过渡阶段,它的特点是在木质或混合材料的外层包上铁制厚甲,用来防御火炮攻击。

["光荣"号]

19世纪中叶后,风帆船逐渐被蒸汽舰船所替代。1859年11月24日,一艘名为"光荣"号的战舰在法国土伦下水试航。

"光荣"号的排水量为5630吨,它的单层火炮甲板上装备了36门火炮,这与其他风帆战舰并没有什么不同,但是其外壳,却与之前的舰船大大的不同。因为整艘战舰的两舷,自水下线下约2米,直到战舰的上层甲板,都被一层110~120毫米厚的铁包裹,里面配有60厘米厚的木制舰壳,使它能够抵挡当时海军舰炮的射击。

自此以后,"光荣"号开启了一个新的时代,一个属于蒸汽装甲舰的时代。

科技更迭事件

"勇士"号战列舰
世/界/上/第/一/艘/装/甲/战/列/舰

"勇士"号真正服役的时间仅仅三四年，在吨位更大、装备更强的新舰出现后，它就受到了冷落。但是它作为装甲战列舰的先驱意义深远，装甲战列舰的出现使木壳装甲舰黯然失色，并且进入了短暂的铁制军舰时期。

["勇士"号装甲战列舰]

"勇士"号装甲战列舰有着尖尖的舰艏，矮矮的船舷，高高地竖立着3根桅杆，舰中间有两个粗大的烟囱。"勇士"号满载排水量9210吨，航速14节，帆机并用时航速可达17节。装备的舰炮有：110磅炮尾装填式来复炮10门、68磅炮口装填式滑膛炮26门、后甲板的40磅尾装填式来复炮4门，共计40门。

当火炮的发展对木质战列舰威胁日益增大时，法国炮术专家贝桑将军认为针对破甲弹的水平射击性能，可以在战列舰上覆盖一层铁装甲来保护战舰。

"勇士"号铁甲战列舰

1859年5月25日,"勇士"号在伦敦开工,1860年12月29日试水。该舰长128米,宽17.7米,与其他战舰不同的是,该舰两舷各有一条装甲带。这两条装甲带从船艏部到船艉部用一层115毫米厚的铁装甲封闭起来,形成一个装甲堡垒,舰上所有的火炮都装在这个堡垒里面。

"勇士"号在蒸汽机的推动下有15节的航速,另有3根大桅,搭配面积为4497平方米的帆。"勇士"号是世界上第一艘有铁装甲的铁壳船,它虽只有一层炮甲板,但仍被公认为是世界上第一艘战列舰,在以后的50年,凡按此建造的新军舰统称为铁壳军舰。

曾经出尽风头

1861年8月8日,"勇士"号挂起三角旗,开始正式服役。该舰的第一代舰员共有695人,首任舰长是阿瑟·科克伦上校。"勇士"号颇受欢迎,出尽了风头。

1863年3月,为迎接被选为皇太子妃的丹麦女孩亚历山德拉来到英国,"勇士"号作为护航舰出海,颇受"未来皇后"的喜爱,受到了嘉奖与赞赏,赞赏语被镌刻在了"勇士"号的方向轮上,以示纪念。

屡次被改装

随着新技术的出现,许多新型舰船陆续服役,"勇士"号设计中的许多不合理的缺点,令其成为鸡肋。"勇士"号曾根据新的技术进行过多次改装,英国皇家海军以为它能堪大用了,遂被派往海峡舰队执行任务,结果飞来横祸,它撞上了"王橡"号战列舰,之后,便进入了漫长的雪藏期。

最后一次航行

1987年6月16日,"勇士"号铁甲舰船在众多船只的簇拥之下,缓缓驶入朴茨茅斯港,拥有150多年历史的"勇士"号,结束了它的最后一次航行,正式退役了。

虽然"勇士"号从下水之日起,没有参加过一次真正的海战,更没有任何可以炫耀的战绩,但作为世界上第一艘真正的装甲战列舰,被正式载入世界舰艇史册。

❀ ["勇士"号结构资料]

"莫尼特"号与"弗吉尼亚"号的对抗

开/启/了/现/代/军/舰/新/时/代

19世纪中期,由于蒸汽机动力的加强,铁甲战舰成为各国争相制造的舰种。假如铁甲舰之间相互对抗,会出现什么样的情况呢?这一幕就发生在美国南北战争时期的汉普顿锚地,而这一战更是开启了现代军舰的新时代。

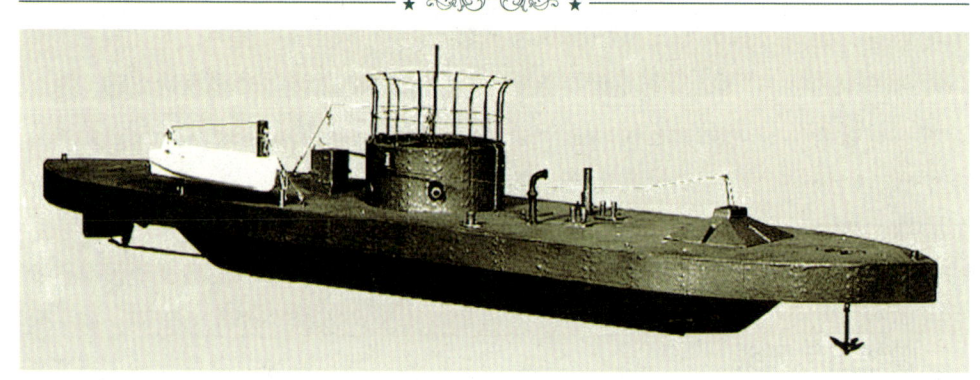

["莫尼特"号模型]

在19世纪,随着工业革命的发展,舰船开始从风帆木船向钢铁装甲和蒸汽动力的时代迈进。在这个过程中,军舰也开始往铁甲舰方向发展。

在美国南北战争期间发生了一起两艘铁甲舰之间的对抗,也就是有名的汉普顿锚地之战,此战正式拉开了铁甲舰对抗的历史序幕。

> 美国南北战争中,大量的新式武器首次登场,在战争中检验着它们的性能,从铁甲舰到潜艇,从后膛枪、卡宾枪到加特林,全世界都在紧盯着这些武器的实际效果。

"莫尼特"号铁甲舰

首先介绍北军的"莫尼特"号铁甲舰,它在1861年开始建造,该舰长52.4米,宽12.6米,航速9节,装备了2门280毫米滑膛炮,炮塔和舰舷均有装甲防护。试航成功后便急匆匆地驶向了美国南北战争战况最激烈的弗吉尼亚沿岸水域。

"弗吉尼亚"号铁甲舰

南军的"弗吉尼亚"号铁甲舰也是1861年开始建造的,整艘铁甲舰共有14

["弗吉尼亚"号撞沉"坎伯兰"号]

个炮门,其中包括 10 门火炮,并且加大了蒸汽机的动力,"弗吉尼亚"号的转弯半径为 1.6 千米并且需要 45 分钟来完整转一圈。

"弗吉尼亚"号一登上战场,就打出了不俗的战绩。比如,它成功地撞沉了"坎伯兰"号,轰沉了"国会"号。

"莫尼特"号 VS "弗吉尼亚"号铁甲舰

1862 年 8 月 3 日,南军铁甲舰"弗吉尼亚"号和北军铁甲舰"莫尼特"号在美国汉普顿锚地战场上相遇了。

尽管"弗吉尼亚"号在排水量和火炮数量上都高于"莫尼特"号,但后者凭借优良的机动和灵活的炮塔丝毫不落下风。双方你来我往地打了一整天,最

战争之后,坏损的"弗吉尼亚"号进入船坞修理,一周后它重新投入了战斗,并俘虏了 3 艘北军舰队的运输船。后来,由于"弗吉尼亚"号吃水深、适航性差,既不能沿河上行至里士满,又不能深入到远海大洋活动,只得下令将它凿沉,以免被北军俘获。

"莫尼特"号和"弗吉尼亚"号参与的这场战争,爆发于 1862 年,发生在大西洋沿岸的汉普顿锚地。这场战争参与双方的战舰有 20 艘,打出了不分胜负的结果。

"莫尼特"号在 1862 年 12 月的一次航行中遇到暴风雨,由于这艘船设计的舷很低,导致了大量进水,最后沉没。

"莫尼特"号沉没后,美国南北战争中的北方军认可了这种战船的价值,之后又有 40 多艘同类型的舰船进入海军服役,不过南北战争结束后,这些船就不再使用了。

["莫尼特"号和"弗吉尼亚"号－版画]

激烈的时候,"莫尼特"号几乎用炮口抵着"弗吉尼亚"号猛轰,也没有击穿它由橡木、铁轨、钢板构成的复合装甲。

最后由于潮水退去,吃水较深的"弗吉尼亚"号担心搁浅,从而撤出了战斗,汉普顿锚地之战也就此以平局收场。

这场海战虽然双方打成平手,但是标志着木质军舰开始逐渐退出主战舰艇的行列,而身披重甲的铁甲舰登上了战舰霸主的宝座。

[汉普顿锚地之战场景]

参与此战的有"莫尼特"号、"弗吉尼亚"号、"坎伯兰"号、"詹姆斯敦"号,"国会"号和"明尼苏达"号。

改造"派洛特"号

世/界/上/第/一/艘/破/冰/船

破冰船的长宽比例和一般海船大不一样，它们是纵向短，横向宽，这样可以获得较宽的航道。世界上第一艘破冰船是由"派洛特"号改造而成的。

破冰船与其他船有何不同？

破冰船是一种专门用在结冰的水面上开辟航道的特种船舶。这种船最大的特点就是船宽、马力大。破冰船有两种破冰方式：一个是撞；二是压。

在冰层不厚的时候，破冰船直接开足马力撞上去；若冰层过厚，比如北极地区的冰层，那就需要利用高跷的船头行驶到冰层上面，利用锐利的船底把冰层压碎，然后再清理。

["派洛特"号破冰船纪念邮票]

"派洛特"号破冰船

19世纪的欧洲，海上航运成为主要运输方式。除了狂风暴雨之外，最令航海者头疼的就是冰冻。如果遭遇多日大范围的降温，欧洲很多地区的海面冰层就会持续加厚，这种情况，货船只得被困港内，渔民也不敢出海，这些海冰被称为"白色杀手"。

1864年，俄国的布里特涅夫就遇到了连续降温的天气，海面大面积冰封了，面对"白色杀手"而无法出海的他在百无聊赖之下，想到为什么不直接开船撞开冰层呢？于是，布里特涅夫找人按照他的想法改造了一艘叫"派洛特"号的小轮船，布里特涅夫还给它起了一个名字叫破冰船，然后将其驶向了冰冻海域。然而这条"派洛特"号破冰船由于船体狭窄，自重不够，导致不仅无法破冰，还被卡在冰里。

科技更迭事件 | 89

[破冰船破冰作业]

※ 也有人认为1898年英国为俄国建造的"叶尔马克"号是世界上第一艘破冰船，但这个说法显然难以服众。不过说到"第一"，"叶尔马克"号也确实有当之无愧的两项：它是世界上第一艘完成北极航行的破冰船；另外，从1898年10月17日下水到1964年报废，它先后为沙俄和苏联海军及商船服务，成为服役期最长的破冰船。

※ 由于破冰船需要非常强大的动力，而且作业时间长，不能轻易地回程补给燃料，于是在1959年，苏联建造了采用核动力的"列宁"号破冰船。

破冰成功

布里特涅夫找到了船舶设计所，分析了"派洛特"号破冰船失败的原因，设计所的船舶设计师按照他的想法，设计出了新的破冰船图纸，新的"派洛特"号很快被改造出来了。

一个月后，布里特涅夫的破冰船在航道上碾压着厚厚的冰层，慢慢地不断前进，后面跟随着商船，缓缓地驶出了冰冻区，这是世界上第一艘真正意义上的破冰船。

"霍兰"号的成功

现/代/潜/艇/出/现/在/历/史/舞/台

"霍兰"号潜艇，又称"霍兰-6"号潜艇，是爱尔兰人约翰·菲利普·霍兰设计的第六艘潜艇，也是霍兰设计的最后一艘潜艇。为了纪念这位潜艇设计师，人们将其称为"霍兰"号潜艇。它是现代潜艇的前身，在潜艇发展史上有着重要地位。

潜艇的发展经历了一个漫长的过程。早期的潜艇只能采用人力推进，在军事作战中用途有限。随着工业革命的深入发展，蒸汽机被应用到了潜艇上，装上了蒸汽机的潜艇机动性大大增强。

不成功的潜艇

早在1863年，法国就有人尝试用机器动力来推进潜艇，建造了"潜水员"号潜艇。它的尺度很大，排水量达到420吨。艇长32.7米，是当时世界上最大的潜艇，艇上装有功率为58.84千瓦的压缩空气发动机，用贮放于空气瓶中的压缩空气作动力。由于它在水下航行不稳定，并没有投入使用。

失败是成功之母

1875年，爱尔兰人约翰·菲利普·霍兰为美国海军部设计了一艘机器动力潜艇，虽然被美国海军部否认了，但他依然没有放弃。经过3年的研究后，他设计的第一艘潜艇下水了。这艘潜艇被命名为"霍兰-1"号，但由于在水下航行时汽油发动机所需空气的问题没有解决，这艘潜艇一潜入水下，发动机就停止了工作。

1881年，霍兰设计的第二艘潜艇建造成功，命名为"霍兰-2"号，这艘潜艇解决了发动机所需要的空气问题和潜

[约翰·菲利普·霍兰]

科技更迭事件

[1900年，即将准备下水的"霍兰"号潜艇]

艇的稳定问题。同时，他还在这艘潜艇上安装了一门气动发射炮，使潜艇可以在水下发射一枚1.83米长的鱼雷。

这艘潜艇下潜时，不是靠增加重量，而是用下潜舵（水平舵）来保持深度的；上浮时，利用少量贮备浮力上浮。这一设计在潜艇发展史上被认为是一个重要的里程碑。

放弃了"潜水者"号潜艇的建造工作

1893年，霍兰参加了美国海军举行的潜艇大赛，并一举夺魁，同时在美国海军那里得到了一笔15万美元的经费。美国海军希望霍兰为他们设计出能在水面作战的"潜水者"号潜艇。但霍兰认为，按照美国海军的要求，是不能制造出满意的潜艇的，于是就放弃了"潜水者"号潜艇的建造工作，归还了美国海军的经费。

成为现代潜艇的鼻祖

霍兰放弃了为美国海军建造"潜水者"号之后，开始按照自己的想法建造一艘新的潜艇。经过几年的研究、设计、改进，直到1897年5月17日，时年已经56岁的霍兰终于成功地制造出了一艘长约15米的新型潜艇。该艇能在水下发射鱼雷，水上航行平稳，下潜迅速，机动灵活。这是霍兰设计的第六艘潜艇"霍兰-6"号，也是他设计的最后一艘潜艇。"霍兰-6"号在潜艇发展史上获得了前所未有的成功。但是"霍兰-6"号并没有被挑剔的美国海军看中。直到德国人根据霍兰设计的潜艇结构和原理，建造出了震惊世界的潜艇"U-9"号，这艘潜艇在一天之内击沉了英国的"亚博克"号、"克雷塞"号和"霍格"号3艘巡洋舰。

此后，各国纷纷仿制"霍兰"号，发展、建造潜艇。霍兰设计的潜艇成为现代潜艇的鼻祖，从而奠定了霍兰作为"现代潜艇之父"的地位。

[约翰·菲利普·霍兰纪念银币]

2014年是潜艇发明家约翰·菲利普·霍兰逝世100周年，爱尔兰发行了该枚纪念银币，为爱尔兰法定货币，为圆形精制银币，净重28.28克，成色92.5%，直径38.61毫米，面额15欧元，限量铸造10 000枚。其正面图案为爱尔兰竖琴设计，环刊国名及发行年号2014字样；背面图案为发明家约翰·菲利普·霍兰正在绘制的即将完成的潜艇"霍兰"号图纸，环刊约翰·菲利普·霍兰英文字样，并刊面额。

"无畏"号战列舰下水
大/舰/巨/炮/的/巅/峰/时/代

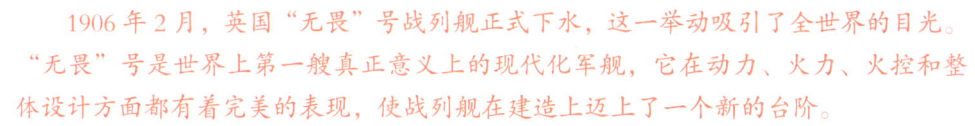

1906年2月，英国"无畏"号战列舰正式下水，这一举动吸引了全世界的目光。"无畏"号是世界上第一艘真正意义上的现代化军舰，它在动力、火力、火控和整体设计方面都有着完美的表现，使战列舰在建造上迈上了一个新的台阶。

英国是个海洋王国，它有着宏伟的海洋计划，但是由于德意志帝国也力图囊括中欧各国，直接威胁到了英国的殖民利益，于是双方在第一次世界大战前夕开始了一场海上的军备竞赛。

> "无畏"号战列舰是英国皇家海军的一艘具有划时代设计的战列舰，是近代海军史上第一艘采用统一型号主炮的战列舰，也是第一艘采用蒸汽轮机驱动的主力舰，可以称之为战列舰发展史上的里程碑。

["无畏"号战列舰]

["无畏"号的炮口]

"无畏"号采用统一弹道性能的主炮，不仅使得战舰的火力提升，而且舰上的指挥人员能够统一指挥所有主炮瞄准相同目标进行齐射，用覆盖式的火力投射范围，来提高主炮命中率。

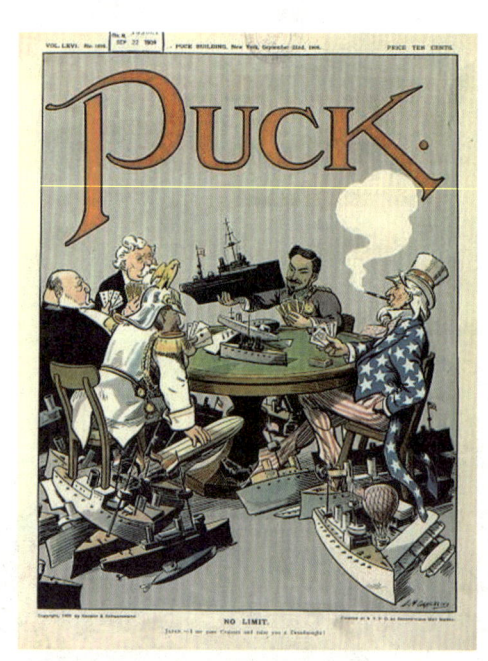

[无限制军备竞赛 – 漫画]

1909年，名为帕克的表演，讽刺美国、德国、英国、法国和日本参与的无限制军备竞赛。

英、德的军备竞赛

英国和德国都是海洋强国，双方在海军方面的投资非常巨大。据1905年的统计，当时英国拥有普通型装甲舰65艘，德国只有26艘军舰，但当时德国正在实施提尔皮茨上将制订的海军建设计划，全面赶造舰船，大有迎头赶上英国的势头。这反过来又极大地刺激了英国，为了维持海上霸权，保持海军优势，必须建造更多、更强的新式战舰。海上军备竞赛进入白热化，大舰巨炮的时代走上历史的巅峰，各国之间的矛盾也因为军备竞赛的激烈进行而日益恶化，这也成了第一次世界大战爆发的原因之一。

赶造"无畏"号战列舰

英国为了维持海上的掌控权，1905年10月开始在英国朴茨茅斯海军船厂开工建造"无畏"号，于第二年2月建成，

舰长160.6米，宽25米，全部完工耗资750万美元。这艘战舰由汽轮机驱动，装有10门直径为12英寸的重炮。

"无畏"号战列舰在武备、动力、防护等方面都进行了革新，尤其是火力和动力装置都成为革命性的设计。"无畏"号战列舰相比之前的战列舰，在战斗力上有了成倍的提升，使得"无畏"号自诞生之日起，就让各国之前建造的战列舰纷纷落伍。"无畏"号的问世，掀起了帝国主义列强建造新式战列舰的狂潮，

❋ 1904年约翰·费舍尔爵士出任英国第一海务大臣，牵头组成了一个委员会，提出一个新型战列舰的设计方案：统一型号的12英寸（304.8毫米）口径主炮，可以长时间内保持21节航速运行的蒸汽轮机组。这个设计方案就是"无畏"号战列舰。

❋ [被拖去解体的"无畏"号]
这艘装备着98门船炮的"无畏"号立下了汗马功劳，之后被誉为"战舰无畏"号，该战舰服役至1938年，退役后，从希尔内斯拖至海斯解体。

尤其以德国和美国最为热心。

"无畏"号战列舰成为现代战列舰的始祖，确立了其后达35年世界海军强国战列舰火炮与动力的基本模式，战列舰的火炮射程以及航行速度也不断地提高。

"无畏"号战列舰的问世，开创了海军历史上巨舰大炮的新时代。作为战列舰建造技术的分水岭，在"无畏"号模式之前的战列舰被称作"前无畏舰"，在"无畏"号之后，此类战列舰广义上被统一概括为"无畏舰"。

改装"暴怒"号

世/界/上/第/一/艘/航/空/母/舰

"暴怒"号航空母舰是英国皇家海军历史上第一艘真正意义上的改装型航空母舰。它原本是一艘大型轻巡洋舰，英国海军拿它作为改装型的航空母舰试验，为日后制造航空母舰做准备。

轻巡洋舰是在19世纪出现的，最早称为护卫舰。它具有多种作战能力，用于海上攻防作战和登陆抢滩战等。巡洋舰装备有与其排水量相称的攻防武器系统、精密的探测计算设备和指挥控制通信系统，是现代战舰的基础舰。

> 在帆船时期，护卫舰指的是小的、快速的、远距的、装甲轻的（只有一个炮台）船只。这些船一般用来巡逻、传递信件和破坏敌人的商船。

"暴怒"号轻巡洋舰的首次改装

"暴怒"号于1915年在英国阿姆斯特朗船厂开工，1916年下水。刚开始它是作为轻巡洋舰使用的。1917年，为了日后航空母舰的试验，"暴怒"号返厂进行了第一次改装。

造船厂保留"暴怒"号原有的一段70米长的飞行甲板，然后拆除了炮塔和

[尚未改装还有飞机甲板的"暴怒"号]

❦ [加装了炮筒的"暴怒"号]

弹药仓库,将其改装成可容纳 8 架飞机的机库。改装后的"暴怒"号就成了一个一半巡洋舰、一半航空母舰的"怪胎"。

二次改装成为第一艘真正意义上的航空母舰

经过首次改装的"暴怒"号出现了不少问题,其中,飞机起飞和降落时暴露了它的缺点:因为利用的是原有的飞行甲板,飞机跑道不够长,地勤人员需要抓住机翼后缘才能使飞机完全停下来。

飞机尚未在战斗中,降落都如此麻烦,一旦投入战斗,在紧急状态下飞机降落会更难。"暴怒"号在第一次改装几个月后,再次回厂改装,这次它的艉炮被拆除,并加长了飞行甲板,"暴怒"号彻底变成了一艘航空母舰。

再次改装后的"暴怒"号航空母舰可以搭载 10 架飞机,从烟囱到上层建筑后部一直延伸到舰艉加装了 86.6 米长的飞行甲板,并且安装了简单的降落拦阻装置用于飞机的降落。

❦ "暴怒"号轻巡洋舰来源于皇家海军"光荣"级"光荣"号大型轻巡洋舰(嘘嘘巡洋舰)。该级舰是为了对德国波罗的海沿岸进行炮轰作战而设计的,具有同战列巡洋舰相近的尺寸和吨位,装备两座双联装 381 毫米主炮,但是航速高达 32 节,吃水较浅,防护力仅相当于轻巡洋舰,所以才会有这么一个听起来有点奇怪的舰种名称。

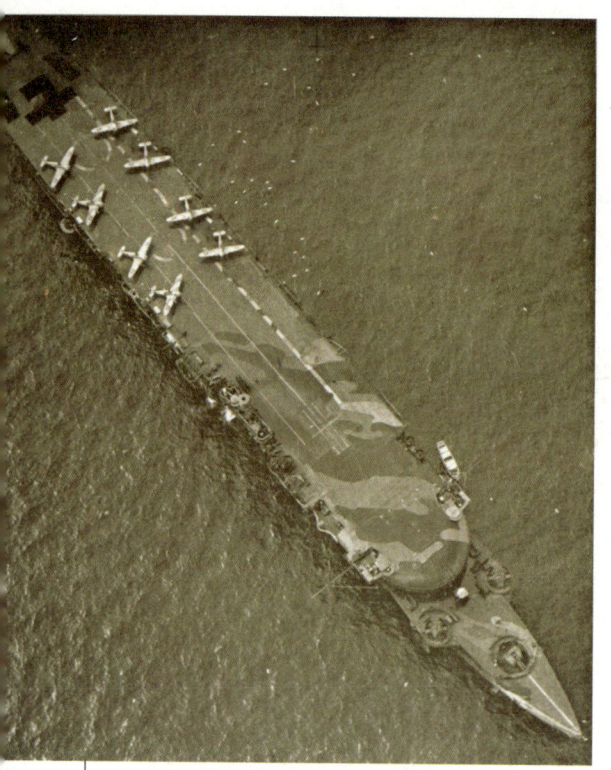

❀ [改装后的"暴怒"号航空母舰安装了4条飞机跑道的起飞板]

❀ "暴怒"号属于勇敢级航空母舰，勇敢级航空母舰是英国皇家海军由第一次世界大战时建造的勇敢级大型轻巡洋舰的一号舰"勇敢"号和二号舰"光荣"号改装而来。

❀ "勇敢"级这种大型轻巡洋舰航速快，火力强，但是装甲只相当于同期轻巡洋舰的防护水平，后来证明这种军舰几乎难以使用。

再次改装

经过这次改装，"暴怒"号虽然解决了飞机降落问题，但是由于原来的桅杆以及烟囱等建筑未拆除，甲板分成前、后两块，烟囱排出的热气与上层空气形成的气流，以及海上强大的侧风，让飞机的起落既不方便也充满危险。

"暴怒"号再次回厂改装，通过拆除一些建筑，使它拥有了长达175.6米、宽27.7米的全通式飞行甲板，并且是双层机库，在机库前加装了短距离的飞行甲板，飞机可以直接从机库中起飞。经过这一次改装，"暴怒号"航空母舰已经具备了海上作战的能力。

参与第一次世界大战

1918年6月，"暴怒"号出现在了第一次世界大战战场，由"暴怒"号组成的舰队（包括轻巡洋舰和驱逐舰）遭到了德国飞机的攻击，"暴怒"号使用了所搭乘的飞机进行了反击，并成功地击落了敌方一架水上飞机。这是飞机第一次从航空母舰上起飞进行攻击并取得成功，它的出现引起了世界瞩目。

在改装中翻开了近代海战新格局

在实际作战实践后，"暴怒"号又经过几次改装，比如在1939年，在其右舷增加了一个小型台式建筑，设计人员本来希望这个新的建筑作为飞行甲板使用，但后来证实并不实用。

"暴怒"号作为世界上第一艘改装型航空母舰，翻开了近代海战的新格局，使各国都开始研制航空母舰，而作为航空母舰鼻祖的"暴怒"号于1948年正式退役。

["鹦鹉螺"号]

"鹦鹉螺"号是以法国科幻作家凡尔纳的名著《海底两万里》中梦幻潜艇的名字命名,寓意这是一个让梦幻变成现实的伟大创举。该艇艇长97.5米,宽8.4米,水上排水量3700吨,水下排水量4040吨。

"鹦鹉螺"号
世/界/上/第/一/艘/核/动/力/潜/艇

"鹦鹉螺"号核潜艇是世界上第一艘核动力潜艇,由于它与凡尔纳经典科幻小说《海底两万里》中的潜艇同名,所以成了世界潜艇史上首屈一指的名角。

凡尔纳的科幻小说《海底两万里》中描述的"鹦鹉螺"号是一艘长70米的纺锤形潜艇,最高时速可达50海里,使用的是电能供给,而且电池是从海水中提取钠进行充电,有着近乎无限的续航能力。而由美国海军建造的"鹦鹉螺"号潜艇,采用的也是近乎完美的动力——核动力,它是世界上第一艘核动力潜艇,也是第一艘从水下穿越北极的潜艇。

使用核能的设想

在第二次世界大战中,德国潜艇使用"狼群战术"在大西洋上猎杀盟军舰艇,对盟军舰艇制造了极大的困扰,当时的潜艇采用的是蓄电池提供的动力,一旦电能耗尽,潜艇就必须浮出水面进行充电,这就大大降低了潜艇的隐蔽性。

在这种情况下,物理学家菲力普·艾贝尔森提出了使用核能作为潜艇动力源的概念。之后,时任美国海军研究实验室机电处主任、著名物理学家罗斯·冈恩再次提出将核能用在带动机械中。

但是如何实现呢?最终美国海军上将海曼·乔治·里科弗将一切变为了现实。

研制"鹦鹉螺"号核潜艇

将核能作为潜艇动力的这一设想得

科技更迭事件 | 99

到了美国海军高层的重视。1948 年，美国海军部任命里科弗为国家原子能委员会和海军船舶局两个核动力机构的主管，同时兼任核潜艇工程的总工程师。

里科弗把核潜艇的建造基地放在了荒无人烟的内华达沙漠中。

要想利用核裂变产生的热量驱动蒸汽轮机发电，使潜艇能在水下长时间高速航行，就要在较小的空间内设计安装全新的核反应堆。在里科弗的带领下，通过几年的努力，1954 年 1 月 21 日，世界上第一艘核潜艇"鹦鹉螺"号建成下水。"鹦鹉螺"号与当时的常规动力潜艇相比，航速大约快了一半，可在最大航速下连续航行 50 天、全程 3 万千米而不需要加任何燃料。

骄傲的战绩

据美国海军统计，"鹦鹉螺"号在历次演习中，共遭受了 5000 余次攻击。据保守估计，若是常规动力潜艇，它将被击沉 300 次，而"鹦鹉螺"号仅被击中 3 次，"鹦鹉螺"号展示了核潜艇无坚不摧的作战能力。

此后，"鹦鹉螺"号实施了它的北极航行，闯出了一条冰下航线。

作为世界上第一艘核动力潜艇，"鹦鹉螺"号对全世界范围内的潜艇技术发展有着巨大的推动作用。在潜艇技术、潜艇战术的发展变化，以及反潜战战术及技术发展等方面都产生了深远的影响。

[《海底两万里》- 封面]

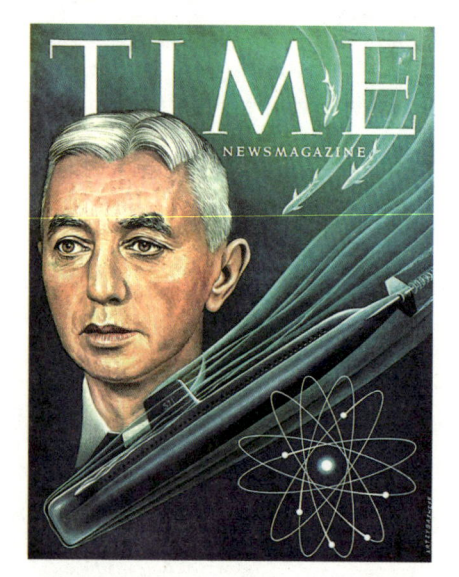

[1959 年《时代周刊》封面人物——里科弗]

里科弗很不擅长和领导打交道，他顽固、暴躁、自高自大、冷酷无情，他藐视常规军舰，令保守的海军将军们不喜欢他，甚至一心想把他赶出海军，但倔强的里科弗坚决不退役，并牢牢霸占住美国海军核动力舰艇权威的位置，因此美国海军高层内部戏称他为"老贼"。

多佛尔海峡的海底电缆

世/界/上/第/一/条/海/底/电/缆/铺/设/成/功

海底电缆又称海底通信电缆，是将用绝缘材料包裹的导线铺设在海底，用以设立国家之间的通信。1851年，一条长约30千米的海底电缆在多佛尔海峡铺设成功，这是世界上第一条海底电缆，具有划时代的意义。

今天我们可以随意拨打越洋电话，轻松地实现地球任意两端联系，这都得益于海底电缆的铺设，它们像血管一样贯穿整个世界，使得通信网络无比发达。

1837年莫尔斯发明了电报之后，就有许多科学家开始着眼于更远距离的通信，若要电流畅行无阻地传输，就需要大量的电缆铺设，甚至要将其铺设在海底。这是一个十分具有挑战性的工作，因为海底电缆需要避开海底生物，还要具备相当高的抗腐蚀性……

此后不到20年的时间，电报这种新型通信方式在世界上流行起来。当时无线电还没有发明，电报只能进行有线传送，由于只能在陆地上使用，称为陆地电报。随着资本主义的发展，英国和欧洲大陆以及欧美两地之间传统的利用邮船通信的方式，已经远远不能满足需要，于是制造和铺设海底电缆成了最迫切的任务。

1851年11月，英法两国在多佛尔海峡成功地铺设了世界上第一条海底电缆。多佛尔海峡的海底电缆比较短，全长只有30千米。这条电缆在实际使用过程中，虽然有很多技术问题，但是这是全球第一条海底电缆，具有跨时代的意义。

几千千米长的大西洋海底电缆

多佛尔海峡海底电缆铺设后，带来了很多理论上和技术上的问题，但是科学家并没有放弃，因为长距离海底电缆铺设一直是他们的一个梦想。

1855年，英国格拉斯哥大学的青年

[威廉·汤姆逊]

汤姆逊因为开辟大西洋海底通信的功绩，获得了很高的荣誉。1866年，他被英国政府封为爵士，1892年又被授予"开尔文勋爵"这个封号。从此，人们就称他"开尔文勋爵"。

科技更迭事件

[海底电缆]

教授、31岁的威廉·汤姆逊，提出了海底电缆信号衰减的理论，为海底电缆工程奠定了重要的理论基础。随后大西洋海底电缆公司成立，公司股东选聘汤姆逊当董事。从此之后，汤姆逊投身于铺设大西洋海底电缆这项巨大的工程中，成就了一生的伟业。

1857年，第一条大西洋海底电缆开始铺设。英、美政府拨出两艘海船，专门供给施工使用。电缆两头的登陆点，是加拿大的纽芬兰岛和英属爱尔兰岛。不幸的是，电缆沉放到330海里的时候，意外地发生断裂了，汤姆逊的第一次尝试失败了。

1858年，汤姆逊主持的第二次大西洋海底电缆铺设成功，但是这条耗费了几十万英镑的大西洋海底电缆，在成功铺设后不到两个月就完全损坏了。紧接着1865年改进后的电缆也铺设失败了。

汤姆逊没有气馁，1866年4月，他主持第四次铺设工程。6月中旬，海底电缆的终端在爱尔兰登陆，很快就同美洲进行了通报，效果很好。永久性的大西洋海底电缆终于完成了，全部工程整整进行了10年！

大西洋海底电缆铺设成功，建立了全球性的远距离通信。它和电报的发明一样，是人类通信史上一座新的里程碑。汤姆逊因为铺设大西洋海底电缆的功绩，获得了很高的荣誉。1866年，他被英国政府封为爵士，1892年又被授予"开尔文勋爵"这个封号。

[多佛尔海峡]

陀螺罗经

司/南/的/变/形

陀螺罗经是利用相关技术自动寻找真北方位的导航设备，不仅可为船舶导航提供精确可靠的航向基准，还能为火炮、鱼雷、导弹等提供方位基准。

无论是白天还是黑夜，无论是风平浪静还是惊涛骇浪，在大海上航行的船只都能向着目的地前进，那么船只是靠什么辨别方向呢？原来，它有一个能指示方向的助手，这个助手就叫陀螺罗经。

陀螺罗经是一种完全不依赖于外部声、光、电、磁等信息，自主式地寻找真北位置，并在运动物体上建立稳定的真北方位基准，从而准确测定运动物体运动方向的惯性器件。

陀螺罗经的出现

随着世界航海史的发展，铁壳轮船和军舰代替了木质船体，传统的磁罗盘已经无法在轮船或军舰上正常使用。因为铁质船体的屏蔽，改变了船上的磁场分布；甲板上移动的机械、转动的武器，甚至是船上的电动机都会干扰磁罗盘，使之失去导航功能。

1901年，德国的海尔曼·安休茨博士带着罗盘及设施乘坐潜艇在北极探测，由于上述问题，罗盘上显示的方位出现

[陀螺罗经内部剖视图]

了很大的误差。

此后安休茨博士经过研究，在1904年研制出世界上第一台陀螺罗经。第二年陀螺罗经经过试用，发现精确度不理想，经过多次调试、修改，1908年，安休茨博士终于在"德意志"号战舰上试

用陀螺罗经并取得成功。

陀螺罗经的应用

事实证明，军舰上的陀螺罗经航向精度高，陀螺罗经在匀速直线运动时的航向误差控制在1度左右。而对商船而言，其精度要求不高，因此，可不必采取过多的消除误差措施，从而使商用陀螺罗经结构较简单，成本也低得多。陀螺罗经成为近现代船上普及的装置。

随着技术的进步，尤其是光纤传感技术的应用，陀螺罗经犹如得到神助，使它不仅可以用于舰艇、导弹、飞机等高性能的导航与制导系统，而且随着其体积的进一步缩小，成本进一步的降低，质量、可靠性、稳定性和耐用性进一步的提高，我们有理由相信，光纤陀螺罗经在航海上的应用前景非常值得期待。

❋ [陀螺罗经 – SR-120]

❋ [海尔曼·安休茨]
1901年，29岁的海尔曼·安休茨向维也纳皇家地质协会报告了自己想去探险的想法，但是因为导航问题遭到了权威们的一致反对，所以安休茨放弃了探险计划，全力开始研究惯性导航技术。

木兰石油公司

世/界/上/第/一/次/海/上/开/采/石/油/作/业

几乎所有的石油商人都相信，大量的石油埋藏在海底，如何才能将宝贵的海底资源开采出来呢？木兰石油公司的尝试推进了海底石油开采的进程。

石油是人类发展的一种重要的资源。时间来到20世纪40年代早期，越来越多的小型石油开采商发现，在陆地上已经很难找到好的钻探点了，并且几乎所有的石油商人都相信，地球上大量的石油都埋藏在海底，于是海上油气勘探开发成为陆地石油开发的延续。

陆地取"矿样"

在陆地勘探石油时，一旦确定了勘探地点，就需要先组建一个勘探平台，起重机负责把管子吊在准备打井的地方，钻头被接在第一根管子的前端，准备就绪之后，起重机底部的发动机通过转动那根管子，使它插入地下，这个过程叫"钻井"。随着井越钻越深，工作人员开始接上新的管子，并向管子里灌一种俗称"泥浆"的化学混合物作为钻井液来清理钻头，并移走打井产生的废物。同时，

据统计，世界近海海底已探明的石油可采储量约为220亿吨，天然气储量约为17万亿立方米，占世界石油和天然气探明总可采储量的24%和23%。

[木兰石油公司LOGO]

木兰石油公司是得克萨斯州最早的一家石油公司。于1911年4月24日成立，在1959年并入美孚石油公司。

一个金属壳将会插进钻井管和井壁之间，圆柱形的石油和岩石样本将被取出来，并进行分析，这个样本被称为"矿样"。

开启了海底开采石油篇章

在陆地上都需要先取样，那在茫茫的大片海底下，而且越向下水压越大，怎样完成取"矿样"的工作呢？

1946年，木兰石油公司在美国路易斯安那距离岸边16千米的地方，发现了一个有可能开采出石油的勘探点。他们

❦ 海上天然气的储量以波斯湾第一，被称为"石油海"；北海第二；墨西哥湾第三。

❦ 在我国，南海大陆架是一个很大的沉积盆地，新生代地层 2000～3000 米具有良好的生油和储油岩系。已探明的石油储量为 6.4 亿吨，天然气储量 9800 亿立方米，是世界海底石油的富集区。因此，专家认为南海可能成为另一个波斯湾或北海油田。

在勘探点花了近 2 个月的时间向下打了深 35 米的桩，然后搭建了一个固定的钻井平台，被工作人员称之为木兰平台。然后将起重机安放在钻井平台上，工作人员每天坐船来到平台上，向水下开采，在打至 275 米深时，发现了天然气，继续向下依然只有天然气。

由于海底泥沙非常松软，要确保平台始终保持垂直状态，是个非常麻烦的问题。木兰石油公司不得不停止继续向下开采。虽然这次并没有按照预期勘探到石油，但他们解决了海上取"矿样"的问题，从此开启了海底开采石油新篇章。

海底取石油，困难重重

在木兰石油公司这次勘探后不久，另一家公司吸取了木兰石油公司的经验，采用了更加完善的方法，在解决了一个个问题之后，1948 年 11 月，当钻井打到水下 530 米时，看见了浓稠的墨绿色液体流出，这是全世界第一次真正从海底开采出石油，也标志着海底开采石油成为现实。

现在全世界已有 100 多个国家和地区在近海进行油气勘探，40 多个国家和地区在 150 多个海上油气田进行开采，海上原油产量逐日增加，日产量已超过 100 万吨，约占世界日产总量的 25%。

日本青函隧道的通行

世/界/上/第/一/条/海/底/隧/道

海底隧道不占地面、不妨碍航行、不影响生态环境，是一种非常安全的海峡通道。日本是世界上较早开始设计建造海底隧道的国家之一。

日本的青森地区与北海道的函馆两处隔海相望，中间横着水深流急的津轻海峡。两地的货运或是旅客往返，除了飞机之外只能靠海上轮渡，轮船航行需要4.5小时，到了台风季节，每年至少要中断海运80次。于是，日本决定修建一条隧道，连通青森与函馆，这条隧道就是青函隧道。

青函隧道施工的艰难程度是令人难以想象的，它经历了一段艰巨的修建历程。整个施工过程分为三个部分：清路隧道，是为进行地质勘探、设置通风设备并排除海水渗入而修建；供应隧道，负责清路隧道和主隧道的物质供应；主隧道，主隧道由两支施工队，各1800名工程技术人员和工人组成，分别从南北两处同时挖掘凿进。

青函隧道从1964年调查坑道开始，日本前后共耗资6890亿日元，用了24年时间的施工，到1988年3月13日，青函隧道正式通车，隧道横越津轻海峡，全长54千米，海底部分23千米，青函隧道结束了日本本州与北海道之间只靠

[青函隧道]

海上运输的历史。

之后，世界各国都陆续开始修建海底隧道。相关领域专家认为：与修建海上桥梁的方式相比，海底隧道具有全天候通行的特点，具有不破坏航运、不影响景观、不占地或少拆迁、交通不受大风大雾影响等优点，是一种更好的交通设施。

气垫船的诞生

2/小/时/5/分/钟/横/跨/英/吉/利/海/峡/的/航/行

气垫船是一种充满科幻感的特殊船只，它不仅仅可以在水面航行，而且还可以突破水面的限制，在陆地和冰面上航行。世界上第一艘气垫船是由柯克莱尔建造的"SRN-1"号。

[现代气垫船]

气垫船是利用高压空气在船底和水面（或地面）间形成气垫，使船体全部或部分垫升而实现高速航行的船。气垫是用大功率鼓风机将空气压入船底下，由船底周围的柔性围裙或刚性侧壁等气封装置限制其逸出而形成的。

气垫船是一种将压缩的空气作为船体和水面之间的"气垫"，让船只能够减小水面的阻力，以更快的速度行驶的新型船只。1950年，40岁的柯克莱尔爱上了造船业，并辞掉了原来的工作，用自己全部的积蓄，与他的妻子一起，创建了一家小型造船公司，柯克莱尔一直想造出一种速度更快的船。

柯克莱尔觉得如果要提高船的速度，必须想办法解决船底与水面的摩擦产生的阻力。他用气垫替换掉船板，减少了船底与水面之间的摩擦，提高了行驶速度。经过一系列的设计、改装、建造工作，1959年，柯克莱尔制造出了世界上第一艘气垫船"SRN-1"号。这艘世界上最早的气垫船，利用大功率空气压缩机将空气压入船底，通过船底的气垫将气体封装，然后利用尾部的螺旋桨快速推动气垫床行动。由于高压空气将船只与水面间隔开来，气垫船在水面航行的速度会非常快，往往能达到50节以上。它从法国加莱出发，可在2小时5分钟内成功横渡英吉利海峡！

虽然柯克莱尔在"SRN-1"号成功之前，也曾建造多艘气船下水试航，但是"SRN-1"号才是世界上第一艘真正意义上的气垫船。

柯克莱尔的"SRN-1"号气垫船成功之后，全世界船舶设计师纷纷在此基础上对气垫船进行改进，完善了许多功能，建造出各种功能的气垫船。如今气垫船的应用已经十分广泛，气垫船不仅可以凭借极快的速度作为水面舰艇，还可以凭借自身的悬浮能力，登陆行驶。

> 最早有记载的气垫船设计由瑞典哲学家斯威登堡于1716年提出。他的设计是由人力把空气吹入气垫。当时并没有把实物造出，可能是大家都知道人力不可能产生足够的浮力。

雅克·皮卡德潜入马里亚纳海沟

人/类/进/入/深/海/探/索

> 雅克·皮卡德是人类深海探险史上的传奇式人物。1960年1月23日，雅克和美国海军军官唐·沃尔什乘坐"的里雅斯特"号深海潜水器潜入马里亚纳海沟深处，并抵达了海平面以下10 916米的地方。

马里亚纳海沟在海平面以下的深度远远超过珠穆朗玛峰的海拔高度，这里大部分水深在8000米以上。最深处在斐查兹海渊，为11 034米，是地球的最深点。马里亚纳海沟的深是常人无法想象的，然而却有人挑战并成功探底，此人正是雅克·皮卡德。

1960年，雅克·皮卡德和美国海军军官唐·沃尔什一起，驾驶深海潜水器"的里雅斯特"号，花了5个小时到达太平洋最深处的马里亚纳海沟的10 916米处。在这里他们发现了一条30厘米长、长得像海参的欧鲽鱼，还有许多叫不出名字的鱼类和虾类。因为海底10 916米处的海水压力比海平面高出至少1000倍以上，使得雅克·皮卡德乘坐的潜水器不堪重压，他们只在这里停留了20分钟，就不得不驾驶潜水器，花了3个小时上升到安全的海域。他们这次的深潜创下了人类探索海底的最深纪录。

[位于深潜器中的雅克·皮卡德]

❋ 雅克·皮卡德的父亲是世界上第一个飞上15 000米高空的人；雅克·皮卡德是世界上潜水潜得最深的人；雅克·皮卡德的儿子则是世界上第一个驾驶气球不间断成功环绕地球的人。

科技更迭事件

[准备下水的"的里雅斯特"号潜水器]

2012年3月26日，美国著名导演詹姆斯·卡梅隆乘坐"深海挑战者"号深潜器，成功潜入马里亚纳海沟10 898米处。他是抵达这一位于关岛附近深邃海沟底部的第三个人，也是单独下潜的第一人。

雅克·皮卡德的此次深潜，打破了此前科学界普遍认为在马里亚纳海沟那样深的海洋深处不可能会有生物存活的观点。因为雅克·皮卡德在那里发现了众多的海洋生命，促使国际社会决定禁止人类向深海海沟中倾倒核废料。

身体里的探险与科学求索的基因

1922年7月28日，雅克·皮卡德生于比利时首都布鲁塞尔市，其父亲奥古斯特·皮卡德是爱因斯坦和居里夫人的好友。他因发明密封压力舱和同温层气球，被称作是现代航空的先驱。雅克·皮卡德从小受父亲的影响，热爱冒险和科学，对未知世界充满好奇。

雅克·皮卡德在瑞士读完大学后，成了大学经济学教师，但是教学相对于探险过于枯燥，而且他身体里的探险与科学求索的基因，使他毫不犹豫地放弃了教学生涯，来到父亲的工作室，开始帮助父亲设计深海潜水器。后来他用于探险马里亚纳海沟的潜水器"的里雅斯特"号正是他和父亲奥古斯特一起设计发明的。

雅克·皮卡德在1960年完成马里亚纳海沟探险之后，便一直为美国宇航局工作，致力于潜水器的设计工作。2008年11月1日，雅克·皮卡德在瑞士病逝，享年86岁。

发现海底黑烟囱

解/码/海/洋/生/命/奥/秘

海底黑烟囱是海底依靠地热循环而形成的另一种生态环境，最早发现于1977年，通过研究海底黑烟囱，或许可为解码海洋生命奥秘提供思路。

"黑烟囱"是指海底富含硫化物的高温热液活动区，因热液喷出时形似"黑烟"而得名。喷溢海底热泉的出口，由于物理和化学条件的改变，含有多种金属元素的矿物在海底沉淀下来，尤其是喷溢口的周围连续沉淀，不断加高，形成了一种烟囱状的地貌。

[海底"黑烟囱"]

黑烟囱的首次发现

1977年，美国的"阿尔文"号载人潜艇在东太平洋探索时，采得了大量由黄铁矿、闪锌矿和黄铜矿组成的硫化物。1979年"阿尔文"号再次探索这个地区，科学家们发现了数十个冒着黑色和白色烟雾的烟囱，约350℃的含矿热液从直径约15厘米的烟囱中喷出，与周围海水混合后，很快产生沉淀变为"黑烟"，沉淀后主要形成磁黄铁矿、黄铁矿、闪锌矿和铜-铁硫化物。

黑烟囱的生态系统

在黑烟囱附近充斥着大量的硫化物，这种物质对于普通生物来讲是有毒的，而且这样的浓度，加上高温的作用，普通生物很难存活。但是黑烟囱附近却有十分丰富的海洋生物：有靠吃硫化物的嗜热微生物，有靠吃细菌的小虾，还有吃小虾的鱼类……这是一个与其他海域完全不同的生态环境。

科学家推测生命的起源极有可能从海底的黑烟囱开始，因为黑烟囱附近的生态系统，与上古时代的生命起源环境类似，那时候没有绿色植物，没有光合作用，所以几乎没有氧气。能在这样的环境中生存的生物值得人们去探索和研究，如果能搞清楚黑烟囱的生态系统，或许能帮助人们揭开生命的密码。

海底可燃冰的开采

21/世/纪/新/能/源

可燃冰被誉为21世纪的新能源，它分布在深海沉积物和陆域永久冻土中，但是其开采难度非常大。我国2017年首次试开采可燃冰获得成功，预计2030年可对其进行商业开发。

可燃冰，学名天然气水合物，因外观像冰并且遇火就能燃烧，所以又被称为可燃冰。

21世纪的新能源

可燃冰体积虽然小，但蕴含的能量不可估量，如果一辆使用天然气为燃料的汽车，一次加100升天然气能跑300千米的话，那么加入相同体积的可燃冰，这辆车就能跑5万千米！另外，可燃冰燃烧后只会生成少量的二氧化碳和水，对空气的污染比煤、石油、天然气小很多，但能量高出10倍，而且储量巨大，所含有机碳资源总量相当于全球已知煤、石油和天然气总量的两倍，被国际公认为石油、天然气的替代能源。

[燃烧的可燃冰]

可燃冰是天然气和水在高压低温的条件下形成的类冰状的结晶化合物。

> 天然气水合物中的甲烷含量占80%～99.9%，其燃烧污染比煤、石油、天然气都小得多，而且储量丰富，全球储量足够人类使用1000年，因而被各国视为未来石油、天然气的替代能源。

可燃冰虽然很好，但很难开采

绝大部分可燃冰都埋藏于海底，如果搞不好很容易引发海啸或是火山喷发，开采难度十分巨大。2013年，日本曾尝试进行过海域可燃冰的试开采工作，虽然成功出气，但是仅6天后，由于泥沙堵住了钻井通道，试采被迫停止。2017

[蓝鲸1号]

蓝鲸1号是全球最先进超深水双钻塔半潜式钻井平台。它净重超过43 000吨，有37层楼高，由中国自主制造，是世界最大、钻井深度最深的双井架半潜式钻井平台，适用于全球任何深海作业。

> 可燃冰点着后，火焰就在手上燃烧，下面滴着水。火焰燃烧难道就不烫吗？把天然气水合物捧在手里以后，因为压力降低了，天然气水合物会分解，分解过程中它需要吸收大量的热量，温度不会升高，而是会降下来，冒出的气体燃烧，但水合物本身的温度在下降，所以手不会烫。

科技更迭事件

年4月日本又再尝试了一次，结果再次因泥沙问题中止。

我国试开采取得成功

我国在南海北部神狐海域水深1266米以下的200米的海床上，设立了一个试采点。承担此次开采任务的是"蓝鲸1号"超深水钻井平台，它自2017年5月10日正式出气，实现连续187个小时的稳定产气。这是中国首次实现海域可燃冰试采成功，是"中国理论""中国技术""中国装备"凝结而成的突出成就，将对全球能源生产和消费革命产生深远影响。此次我国的试开采活动，达到了日均产气1万立方米以上以及连续一周不间断的国际公认指标，这不仅表明我国天然气水合物勘查和开发的核心技术得到验证，也标志着中国在这一领域的综合实力达到世界顶尖水平。

可燃冰的试采成功，为实现可燃冰商业开发利用提供了技术储备，积累了宝贵的经验。

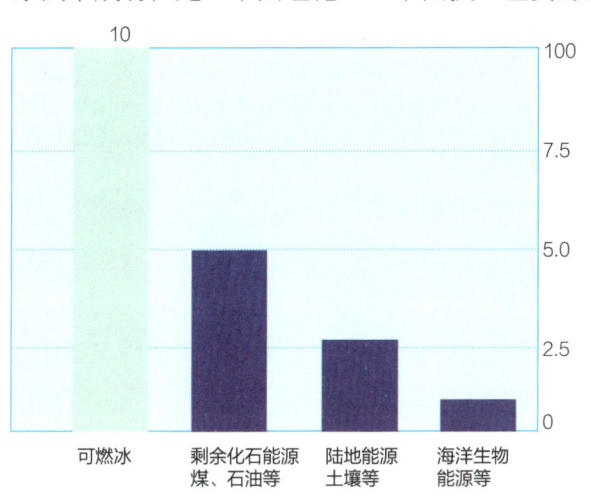

[海底可燃冰]

海王星海底观测网的建成

进/入/海/底/实/时/监/测/时/代

地球的活动影响着海洋的方方面面，人类不能只是站在陆地上进行研究。随着加拿大海王星海底观测网这个世界最大的海底有线局域网的启动，科学家们告别了以前使用浮标或者利用船只上传仪器在短时间内拍摄数据的时代。

相较于对外太空的监测，海底的监测一直停留在相对落后的时代，随着 2009 年 7 月加拿大海王星海底观测网的正式启用，人类对于海洋的探索迈入新的里程碑。

海王星海底观测网的电缆从温哥华岛西岸出发，穿过大陆架，置身深海平原之上，同时向外延伸到活火山脊扩张中心（新洋壳形成的地方），最终形成一个回路。电缆分出多个"枝杈"节点，用来接收来自不同传感器和仪器的数据。这些数据将直接从太平洋洋底传到互联网上，并且是以全年 365 天、每天 24 小时这种不间断的方式传输。

据悉，海王星海底观测网每年可产生 50 太字节的数据。海王星海底观测网的传感器能在细节上监测地震动力学现象，其中包括海啸以及地壳运动、海底生物的监测和大陆边缘气水合物沉积物

[海底爬行履带车]

这个海底爬行者名为"瓦利"，是世界上第一辆依靠网络操作的深海履带车。图中正在投放该车。瓦利由德国不来梅国际大学海洋学家设计，用于测量海底温度、盐度、甲烷含量以及沉积物特征。

的研究等。比如通过海王星海底观测网搜集到的数据，科学家能够分析出从地震动力学到气候变化对水柱产生的影响，再从深海生态系统到鲑鱼迁移的各种各样的信息。

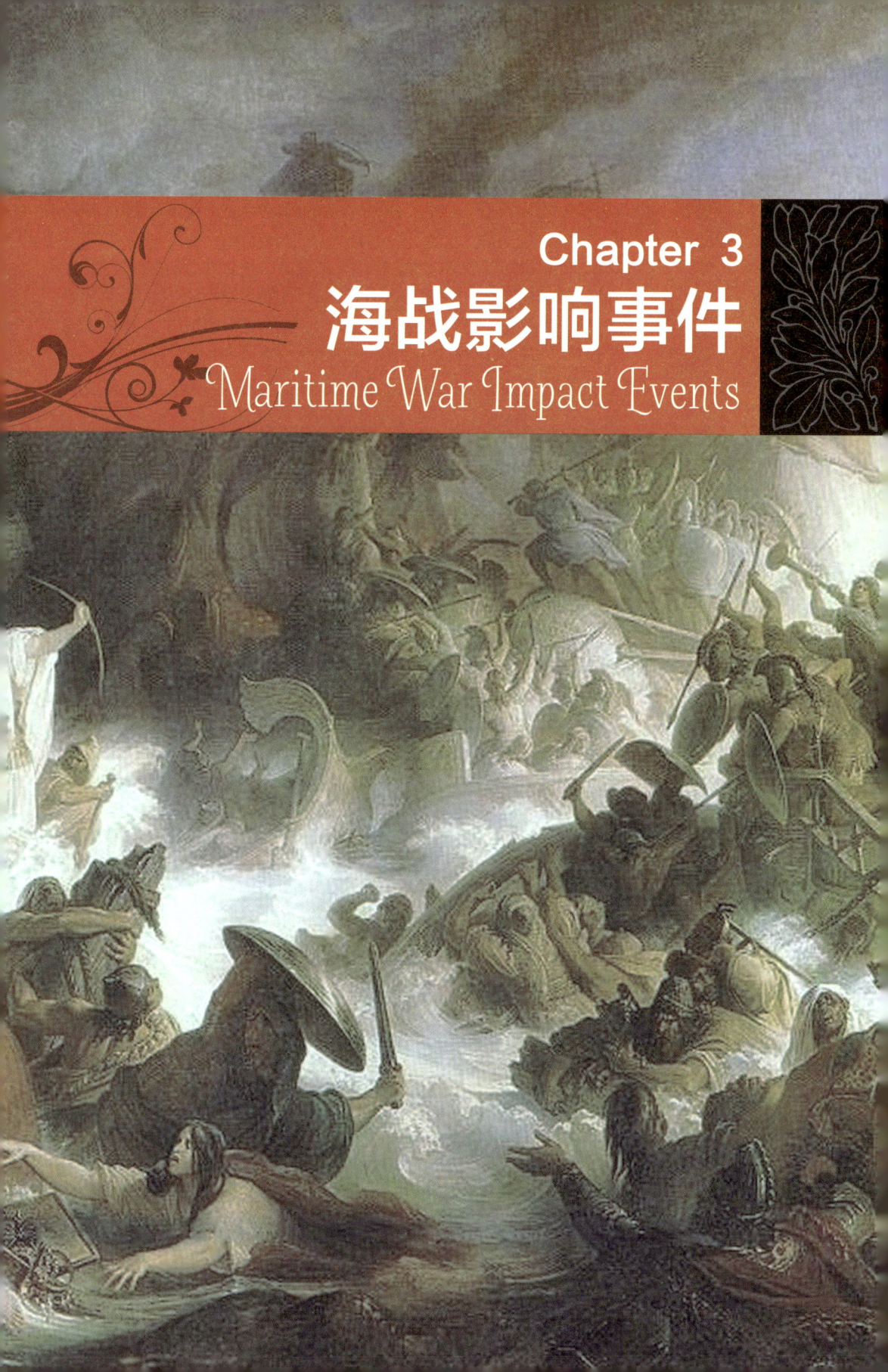

Chapter 3
海战影响事件
Maritime War Impact Events

萨拉米斯海战

改/变/东/西/方/世/界/格/局/的/海/战

公元前 480 年,东西方之间发生了一次影响世界进程的大海战——萨拉米斯海战,以雅典海军为主力的希腊海军联军以 300 多艘军舰的绝对劣势大胜波斯帝国海军 1200 多艘军舰。

萨拉米斯海战参与的双方为以雅典海军为主力的希腊海军联军和波斯帝国的海军。这是一场实力悬殊的海战,希腊海军联军利用萨拉米斯海峡狭窄的浅水海域的地形,以纤细的线型阵形,强攻波斯帝国舰队,大获全胜。

希腊之所以称为联邦,是因为它并不是一个统一的国家,而是以数十个城邦组成的联盟,其中最强大的是我们所熟知的斯巴达城和雅典城。两个城邦一个有着强悍的陆军,一个有着精良的海军,所以在意见不合时,两个城邦常常会发生激烈的战争,比如著名的伯罗奔尼撒战争。

日益强大的波斯帝国对这几个城邦一直是虎视眈眈。公元前 490 年,波斯帝国国王大流士一世率海陆大军侵犯希腊,在马拉松被雅典军队击败,大流士

[威廉·冯·考尔巴赫(Wilhelm von Kanlbach)《萨拉米斯海战》,1868 年

[三列桨座战船浮雕]
波希双方都有大量坚固的三列桨座战船，非常豪华。整艘战船配有200支桨来提供推动力。战船上装备的铜制撞锤可以把敌人的中、小型船只撞得粉碎。

[波斯国王薛西斯一世]
薛西斯一世是大流士一世与居鲁士大帝之女阿托莎的儿子。其名字在波斯语中的意思是"战士"。

一世损兵折将，退回波斯，含恨而终。他的儿子薛西斯一世试图复仇，于公元前480年集结了30万陆军、1200多艘战舰，准备一战将希腊城邦全部拿下，将整个巴尔干半岛及爱琴海西岸并入波斯帝国。

萨拉米斯海峡入口处十分狭窄，薛西斯一世带领的波斯巨型战舰，由于体积庞大，一次只能通过几十艘，需要排成几个纵列进入海峡。波斯战舰只有100多艘进入海峡时，遭遇了希腊海军联军370艘战舰的攻击，希腊海军联军制

[三列桨座战船]
三列桨座战船是腓尼基人、古希腊人和罗马人等所用的战船。战船每边有三排桨，一个人控制一支桨。在公元前7—前4世纪，快速和敏捷的三桨座战船，在地中海军舰中占主导地位。在希波战争中，三列桨座战船发挥了至关重要的作用，帮助雅典人建立了海上帝国。在伯罗奔尼撒战争中这种船开始被淘汰。

海战影响事件

海战影响事件 | 117

造了以众击寡的局面。

进入海峡的波斯舰队面对希腊战舰的冲击，几乎全部被撞沉，后面的波斯战舰陆续通过海峡和希腊舰队绞杀到一起。

希腊海军联军中的雅典战舰上的重装步兵运用接舷战战术，纷纷爬上敌舰和波斯士兵格斗。波斯战舰上的士兵基本是弓箭手，根本无法抵抗身披重甲的雅典步兵的凌厉攻击，雅典步兵毫不费力地制伏了一艘艘敌舰。

没有被占领的波斯战舰纷纷掉头逃离海峡，但被接踵而至的后续舰队堵住回路。此时海峡外面其他的波斯战舰并不知道海峡里面的战况，依然争先恐后地向海峡里冲击。萨拉米斯海峡狭窄的水面上挤满了战舰，交战双方都很难移动。这时出现了这样一种局面——波斯海军在海峡里被消灭一批，再进来一批，再消灭一批，再进来一批……如此循环往复，直到全军覆没。

战后的两三天里，希腊海军联军一直留守萨拉米斯海域，提防敌人的再次进攻，但是他们不知道的是，波斯军队早就吓得溜回了波斯。此战之后，希腊方面全面反击，开启了东征的进程。

萨拉米斯海战是东西方之间第一次海上大对决，是一场以弱胜强的经典战例。希腊文明被公认为现代西方文明之母，萨拉米斯海战毫无疑问是拯救了西方文明的世纪之战。同时，萨拉米斯海战是人类历史上第一次以取得制海权为目的的战争。它证明了任何时期制海权都是极其重要的，也正是由于控制了地中海制海权，雅典才在战后一跃成为地中海地区的海上霸主。

> 萨拉米斯海战后，雅典拥有全地中海最强大的海军，拥有最先进的战舰350艘，海军人员在7万以上。据计算，雅典桨手每日的工资约为一德拉克马（4.37克白银，按当时雅典的物价可以让五口之家维持温饱），也就是说，从那时候起，海军就是非常烧钱的军种了。

[希腊联军指挥者——地米斯托克利]

地米斯托克利是古希腊杰出的政治家、军事家，公元前493—公元前492年任执政官，力主扩建海军，并着手兴建比雷埃夫斯港及其连接雅典城的"长墙"，旨在抵御波斯侵略。

[画有希波战争画面的艺术品]

亚历山大东征

促/进/东/西/方/的/交/流

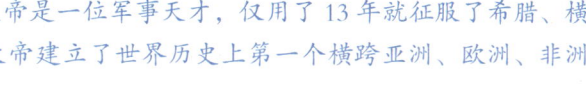

马其顿帝国国王亚历山大大帝是一位军事天才，仅用了13年就征服了希腊、横扫中东并进军非洲。亚历山大大帝建立了世界历史上第一个横跨亚洲、欧洲、非洲的帝国。

[亚历山大东征-14世纪手稿]

亚历山大是著名的哲学家亚里士多德的学生，自幼接受希腊文化教育，从小就梦想要征服世界，而且还要使世界希腊化。亚历山大16岁时就开始随父出征，积累了许多战斗经验，在军队中拥有超高的人气。就在老国王腓力二世遇刺身亡之后，凭借着军方的势力，亚历山大成了马其顿帝国的新一任国王。

> 公元前323年6月初，亚历山大在巴比伦突然因发热而病倒，10天后就死去了，当时还不满33岁。长期以来其死因非常有争议，大多数记载为亚历山大在巴比伦的一次痛饮后，得了疟疾，除此之外伤寒也可能是另外一个凶手。还有人认为他死于嚏根草中毒，密谋者可能包括他的妻子罗克珊娜、他的部将安提帕特以及他的老师亚里士多德。也有人认为亚历山大死于西尼罗河病毒，甚至有人认为他死于长期的激光照射。

海战影响事件

[亚历山大征服波斯]

亚历山大上任后，仿效希腊人的制度，实行政治和军事的改革，削弱了贵族的势力，加强中央集权，鼓励发展工商业。他还改革军队，从他开始军队有了步兵、骑兵和海军的常备军。一系列的改革之后，马其顿帝国迅速壮大，很快就积累了大量的财富及军事力量。

征服波斯

为了获取财富，为自己统治全世界打下良好的物质基础，亚历山大决定东征。东征的第一目标就是当时的波斯帝国，因为波斯拥有辽阔的领土，以及源源不断的财富。

公元前334年，亚历山大率领马其顿和希腊各邦的联军，包括步兵30 000人、骑兵5000人和16艘战舰，渡过达达尼尔海峡，向波斯进军。当时的波斯帝国政治腐败，内部斗争不断，国王大流士三世无力掌权，所以波斯帝国已经是强弩之末。亚历山大的大军很快便占领了小亚细亚半岛，波斯国王大流士三世逃跑，其母亲、妻子和两个女儿被俘，波斯帝国灭亡。

❋ 亚历山大大帝并未留下帝位的合法继承者，在他死后，他的将领们企图瓜分这个帝国，继而发生一连串的战争。在这场斗争中，亚历山大的母亲、妻子和孩子都惨遭杀身之祸。在公元前301年的一场决定性战役后，三位胜利者托勒密、塞琉古、（独眼的）安提柯一世瓜分了亚历山大帝国，开启了希腊化时代。

❋ 亚历山大大帝是欧洲历史上最伟大的四大军事统帅之首，这四人分别为亚历山大大帝、汉尼拔·巴卡、恺撒大帝和拿破仑。

[将领乞求亚历山大：回家]

[亚历山大大帝四德拉克马银币]

阿蒙神之子

公元前332年，亚历山大挥军南下，沿地中海东岸前进，攻占叙利亚，顺利进入埃及，被埃及祭司宣布为"阿蒙神之子"（国王）。亚历山大自封为法老，在尼罗河口修建了亚历山大城，将此地作为后方基地继续东进。

放弃了东征印度，从印度撤兵

公元前327年，亚历山大率军由里海以南地区继续东进，经安息（今天的帕提亚）、阿里亚、德兰古亚那，北上翻越兴教库什山脉，到达巴克特里亚和粟特。2年之后，他侵入印度，占领印度河流域，还企图征服恒河流域。由于印度顽强抵抗，加上疟疾的传染、毒蛇的伤害和士兵回乡心切，他只得放弃了东征印度，从印度撤兵。

历时10年的远征

亚历山大的东征历时10年，行程逾万里，消灭了波斯帝国，建立了西起巴尔干半岛、尼罗河，东至印度河这一广袤地区的幅员空前的亚历山大帝国。

在东征的途中，亚历山大建立了许多新城，其中最著名的是埃及北部的亚历山大港，它如今已经发展为埃及最大的海港。当然，他也洗劫、烧毁了一些古老的城市，甚至以野蛮残忍的手段毁灭了许多东方文明。

亚历山大的东征是一次东西方文化交流的过程。首先，他提倡异族通婚。亚历山大亲自带头娶了波斯帝国国王的女儿斯塔提拉，还下令马其顿的将领们要娶波斯女人，这样可以享受免税的权利。其次，亚历山大还下令让3万名波斯男童学习希腊文化和马其顿的兵法。这让希腊文化得以在亚洲传播。

从此之后，东方国家和西方国家的交易开始渐渐频繁，也有很多的希腊人，因为贫困而移民到了东方国家，这在很大程度上促进了东西方的交流。

海战影响事件

罗马人与腓尼基人的海战

罗/马/海/军/诞/生

在罗马人未建立海军之前，腓尼基人横行于西地中海地区，大有将西地中海变为内湖的打算。但罗马人众志成城地组建了一支海军抵御腓尼基人，罗马海军犹如神助般地将迦太基的腓尼基人打败了，迦太基就此灭亡。

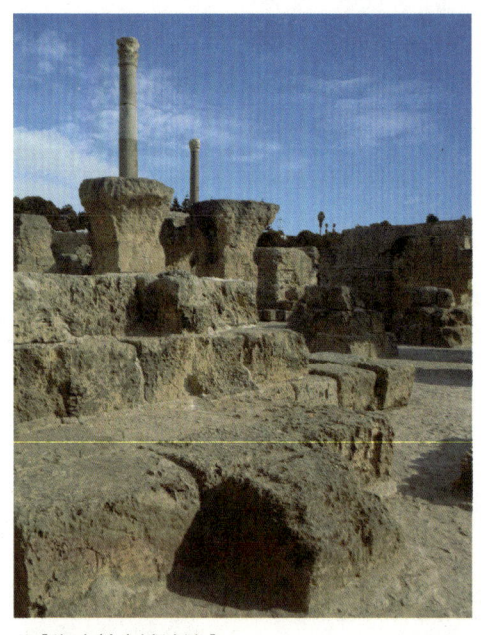

[迦太基古城遗迹]
迦太基古城位于突尼斯城东北17千米处，是迦太基的首都。

靠航海起家的腓尼基人

腓尼基人靠航海建国，他们从远古时期起就驾驶着航船，穿梭在整个地中海。他们既是商人，也是海盗。通过数个世纪的经营，善于经商和经营农业的腓尼基人很快将迦太基建设成富甲天下的大型城邦。迦太基的战船与商船在西地中海横行无忌，并在西班牙、北非、西西里等多个地方建立殖民地，俨然将西地中海变为了自己的内湖。

意识到腓尼基人的厉害

腓尼基人向西挺进，一路骚扰沿途城邦，不断有城邦失陷的消息传到罗马。罗马众议院的长老们意识到了腓尼基人的厉害。如果没有办法把腓尼基人挡在海上，那么在他们进入城内烧杀抢劫之后，罗马人只能眼睁睁看他们从海上离去，因为罗马人没有海军也没有战舰。

面对迦太基在海上的强势，罗马人

不得不考虑创建一支强大的海军，将地中海海上霸主迦太基挡在海外。

拆解腓尼基人的战船学习造船

罗马人没有造船经验，他们就把之前捕获的腓尼基人的战船拆解，一块板一块板地丈量，硬是造出了与腓尼基人的战舰类似的"五列战舰"。所谓五列战舰是相对三列战舰而言的，这种船划桨的位置是由三块木板呈阶梯形分布，由3排桨手划桨，3排桨手的称为三列战船，有5排桨手的就称为五列战舰，后来还有六列和七列的大型战舰。当时在地中海，造船技术最高的城邦非迦太基莫属。迦太基拥有大量五列战船，而东地中海的霸主希腊仅能制造三列战船。

❋[安东尼时期的硬币（上有战舰图案）]

桨手难觅

有了船，还得有人划桨。罗马人除了招募有经验的桨手，还招募了很多新手，就连山区中的老农都招来了，凑足了桨手3万余人。

为了训练这些桨手，罗马人在陆地上搭了许多模拟战船的底舱，让新手们按照实际在船舱里的顺序坐下，在有经验的水手的指点下，没日没夜地练习划桨。

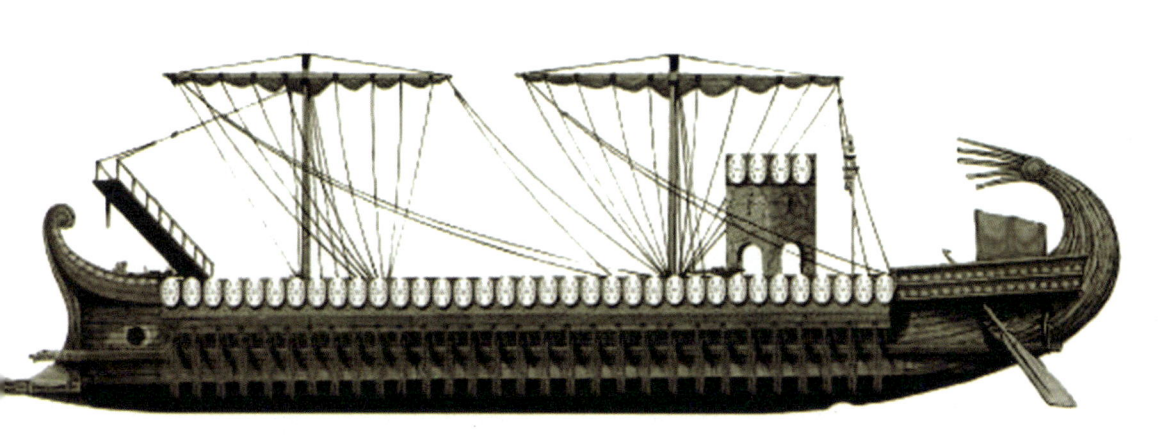

海战影响事件

❋["乌鸦式"战舰]
船上架设了约12米长的吊桥，通过控制吊杆的顶部滑轮，系在桥头的绳索可以将吊桥吊起放下。当敌船接近时，突然放下吊桥，桥底的铁钩便会牢牢钉在敌船的甲板上，这样可以让士兵登上敌舰甲板打一场陆战。由于吊桥形状酷似乌鸦嘴而得名乌鸦吊桥，装备这种接舷吊桥的战舰被罗马海军命名"乌鸦式"战舰。

[罗马海军及战舰——来自梵蒂冈博物馆的壁画]

罗马新手海军登上战船

在短短两个月后，罗马人有史以来的第一支舰队终于以令人难以置信的速度培训完毕。公元前260年春，海军和船员桨手登上了各自的战船，在执政官尼阿斯·科尼利乌斯·西庇阿的统帅下，沿意大利西岸南下，参加对迦太基的作战行动。

大获全胜

罗马战舰在行至西西里岛东北岸米拉附近时，与迦太基的舰队相遇，双方陷入战斗，这就是有名的米拉海战。

罗马人的战船除了仿造迦太基的战船外形外，他们还在船头设置了吊桥，并在底部装有粗大的铁钉。当敌船接近时，船上的士兵会放下吊桥，吊桥底部的铁钉便会紧紧地钉在敌船的甲板上，士兵们就可以通过吊桥轻松冲上敌船了。这样的战法能完全发挥罗马人近身搏斗的长处，令腓尼基人毫无还手之力。可想而知，这一仗，罗马人毫无悬念的大获全胜，捕获迦太基战船30艘，撞沉15艘，歼敌3000，俘虏7000。

虽然迦太基的舰队大部无损逃回，但对罗马人来讲，这场海战的意义是巨大的，这次胜利从根本上将罗马人从畏惧迦太基海军的心理压力中解放了出来。

此后，罗马人靠海军开始反攻迦太基，通过3次布匿战争，掠夺了腓尼基人建立的富庶城邦，改写了西地中海的历史。

亚克兴海战

埃/及/灭/亡，/走/向/罗/马/帝/国/时/代

亚克兴海战，又叫阿克提姆海战，爆发于公元前31年。罗马统帅阿格里帕率领260艘战舰与马克·安东尼及埃及女王克利奥帕特拉七世（埃及艳后）率领的联合舰队在希腊西海岸开战，此战令安东尼和埃及艳后的联合舰队几乎全军覆灭，也导致了埃及王朝的灭亡，自此以后，埃及成为罗马的附属国。

亚克兴海战是在罗马共和国的马克·安东尼和古埃及托勒密王朝法老克利奥帕特拉七世的联合舰队与屋大维之间发生的一场决定性战役。

兵力对比

公元前32年，安东尼率领6万步兵、1.5万骑兵、15万海军水兵、500艘战船（其中一半是埃及海军）直扑雅典。安东尼的战船比较庞大，有的战船高出水面3米以上，有多层桨架，每支桨最多需10人划动。船上装有旋转的"炮塔"。船的两侧备有厚木"装甲"，以防敌舰冲撞。安东尼将舰队分为8个支队，每个支队有一小队侦察船伴随。整个舰队分布在希腊西部海岸一带，主力位置在亚克兴海角。

屋大维也动员了所有的军队和船只，总计步兵8000人、骑兵1.2万人、战船400艘。其中陆军由他亲自率领，舰队则由阿格里帕指挥，他们分别集中在意大利东南部布伦的西和塔兰托港。

阿格里帕舰队的战船上装备有一种叫"钳子"（也叫"乌鸦嘴"）的新武器，

[盖乌斯·屋大维]
盖乌斯·屋大维，罗马帝国的开国君主，元首制的创始人，统治罗马长达40年，是世界历史上最为重要的人物之一。
他是恺撒的甥孙，公元前44年被恺撒指定为第一继承人并收为养子。恺撒被刺后登上政治舞台。

[马克·安东尼]
马克·安东尼是古罗马著名的政治家和军事家，但是关于他最广为流传的是他与埃及艳后的故事。世人总感叹他英雄难过美人关，一生的霸业毁于裙钗。但是，他真的如世人所见的那般没有政治能力，仅仅是个好色之徒吗？他与埃及艳后的婚姻是否存在一定的政治考虑呢？这些疑问，仁者见仁，智者见智，这里就不做评论了。

它是包有铁皮的跳板，一头装有铁钩，另一头拖有绳索，进攻时，用弩炮把"钳子"投射出去，用铁钩把敌舰拖近船舷作战。由于"钳子"有铁皮包裹着，敌

海战影响事件 | 125

[弩炮]

发明弩炮的是希腊人,真正把弩炮推向巅峰的却是罗马人。最早建立正规军事体制的罗马帝国极为重视弩炮的制造。

许多西方学者相信,弩炮的出现对古罗马共和制的瓦解起到了不可忽视的推动作用。一种武器,改变了社会格局。

[机械投石器]

安东尼士兵使用的机械投石器,是根据一种野驴和它的强大弹踢能力命名的,能够发射更大的石块。虽然这种武器也采用有弹性的动物肌腱,但是投石器是威力更强的迷你弹弓,用来发射装满圆石头或者易燃土球的桶。虽然它们没有弩炮那么精准,但是它们威力更强。

人既无法砍断跳板,又无法割断后面的绳索。这种武器能让士兵发挥在近身肉搏方面的优势,是海军武器的一个进步。

安东尼的战术

在希腊西海岸,夏季的风上午总是从海上吹向大陆,到中午就转为西北风,风力相同。安东尼根据这个规律制定了作战计划。他把实力最强的舰队集中在右翼,利用转向的风力迂回到敌人的左翼抢占上风,利用上风和舰船的优势与屋大维的舰队进行决战。他认为屋大维的舰船较小,而且又是逆风作战,这样就可以迅速击败屋大维。然而,他的这个作战计划,由于一个逃兵的出现而全部落空了。屋大维得到了这个逃兵带来的情报,之后,他决定将计就计。

炽烈的火焰映红了海面

公元前31年9月2日正午,在亚克兴海域,一场大海战终于爆发。

安东尼的右翼和阿格里帕的左翼同时向对方侧翼迂回。安东尼的士兵不断用机械手将巨石、弩箭和带倒刺的铁标枪投向罗马战船。

阿格里帕率领战船,充分发挥船体轻、机动性好的优点避开安东尼舰队的远程矢石攻击,并猛烈撞击敌舰,欲将其击沉,一次不成,立即退回,重新组织再次撞击。双方舰船互相撞击,海面上,大船小船混杂在一起,喊声、号角声和船板破裂声交织在一起,战斗十分激烈。

阿格里帕舰队用弩炮把"钳子"投射出去,铁钩死死拖住敌舰,船上的步兵则趁机踏着跳板跳到对方甲板上,用长矛、短剑与对方近身肉搏，海战顿时变成了陆战。一番混战之后，阿格里帕命令舰队撤离敌舰，改用火攻。不一会儿，千万支火箭、扎着火把的标枪和发射器射出的涂有柏油的木炭块，从不同方向飞向安东尼的战船。霎时，安东尼的一些战船燃起熊熊大火，炽烈的火焰映红了海面。

古老的埃及托勒密王朝就此覆灭

就在安东尼指挥右翼仍在苦战之际，他的中央和左翼舰队感到胜利无望，竟然掉头向港内逃跑。埃及艳后急忙指挥她的预备队阻挡，可是哪里知道她的预备队不但没有截住逃跑的战船，反而转舵回身，举起他们的船桨，直接向屋大维投降了。安东尼眼睁睁看着逃跑的战船一筹莫展，他最害怕的事终于发生了。安东尼的旗舰也被敌舰的"钳子"死死钩住了，他跳到了其他小战船上，带着残存的40艘战船逃走了，剩下的舰船全部缴械投降。安东尼的陆军看到海军大败，也都纷纷投降了屋大维。自此，战争以屋大维的全胜结束，这场海战就是有名的亚克兴海战。

逃回埃及的安东尼从此一蹶不振，不问军政大事。公元前30年夏，屋大维进攻埃及，安东尼伏剑自杀。不久，埃及艳后也自杀身亡。古老的埃及托勒密王朝就此覆灭了。

罗马成为帝国的中心

亚克兴海战实际上是以屋大维为首的西方文明与以安东尼为首的东方帝国的较量。屋大维的取胜，使得埃及变成了罗马的一个行省，而罗马成为了帝国的中心。

曾经无比发达的埃及王朝终于亚克兴海战，从此埃及不再是一个独立的国家，这种局面一直延续到近代。罗马帝国北起多瑙河，南到非洲（包括埃及在内的北非一带），西起比利牛斯半岛，东到两河流域和小亚细亚半岛，是古代史上一个最庞大的帝国，地中海都成了罗马帝国的内湖。

❋ [埃及艳后克利奥帕特拉七世]
埃及艳后克利奥帕特拉七世是托勒密王朝的最后一任法老。有人说她是"尼罗河畔的妖妇""尼罗河的花蛇"，是世界上所有诗人的情妇，也是世界上所有狂欢者的女主人；罗马人对她痛恨不已，因为她差一点让罗马变成埃及的一个行省；埃及人称颂她是勇士，因为她为弱小的埃及赢得了22年的和平。她先吸引了恺撒，成为罗马实际上的"第一夫人"，恺撒遇刺后即返回埃及，又与罗马统帅安东尼相好。

❋ 托勒密王朝是在亚历山大大帝死后，埃及总督托勒密一世所开创的王朝。由托勒密一世开始，至埃及艳后克利奥帕特拉七世为止，历时275年。

阿尔弗雷德一战成名
第/一/支/英/国/海/军/舰/队

气势如虹的北欧海盗一路南下，取得了许多战果。阿尔弗雷德决心打造一支强大的海军，坚决将敌人防御在海上，这支军队就是英国第一支海军舰队。

英国海军的历史最早可以追溯到维京人肆虐欧洲时期。870年前后，英国4个盎格鲁-撒克逊王国中的麦西亚、东盎格利亚、诺森布里亚的大部分地区已沦陷，东盎格利亚的国王甚至被维京海盗乱箭射死，只有韦塞克斯王国仍在全力抵抗维京人。

内外兼修

韦塞克斯王国为了能够抵御海盗，实施了许多举措，比如征兵、收税。由于当时的农民阶层越来越依附贵族，许多农民成为贵族的奴隶，导致了征募的兵源陷于枯竭；土地、农民都成了贵族的私有物，国王可以收的税越来越少。针对这种情况，阿尔弗雷德大帝上位之后，针对维京人擅长海战，不擅长攻城这一特点，在国内的各城镇修建了城墙，还构筑了完善的防御保障工事，并将这些工事分派到各个贵族，由他们的"家兵"负责保护。

如果说修建城防是阿尔弗雷德为了抵抗维京入侵所铸就的坚盾的话，那么仿照维京人战船的样式，打造一支强大

[阿尔弗雷德大帝雕像]

阿尔弗雷德是英格兰盎格鲁-撒克逊时期韦塞克斯王朝的国王，他也是英国历史上真正第一位称呼自己为"盎格鲁-撒克逊之王"的君主。由于其英勇地统帅臣民对抗北欧维京海盗的入侵，被后世尊称为阿尔弗雷德大帝，同时也是英格兰唯一一位被授予"大帝"名号的君主。

867年，为父报仇的丹麦人首领"无骨者"伊瓦尔征服了英国诺森布里亚王国，处死其国王，又消灭了另外两个盎格鲁人的王国，几乎征服了英国。

128 | 海战影响事件

海战影响事件

❖ [维京人的日常生活]
维京人是指8—11世纪，生活在北欧的一个民族或族群。维京人擅长航海，且非常凶残，很多人是海盗，让整个欧洲闻风丧胆。

❖ [维京船的龙头饰物]
维京人的战舰又叫龙头船，是因为他们会在船头安装如图所示的龙头装饰物。

的战船队伍，便是刺向对手咽喉的利剑。维京人的战舰虽然大小不一，但一般均不超过40只划桨。而阿尔弗雷德所建造的战舰则统一拥有60只划桨，长度接近普通维京战船的两倍。

阿尔弗雷德的新式战船坚固稳定，但由于体积过大和设计缺陷，灵活性不足；维京人的战船吃水浅、敏捷，可在内陆河道中自由穿梭。不过，著名维京英雄洛德布洛克的儿子们被击败之后，只有小股的丹麦海盗持续袭击骚扰英国海岸，阿尔弗雷德的战船也足以应付了。

击败海盗

896年，阿尔弗雷德率领9艘新式战船与3艘丹麦海盗船激战。当时的海战本质上仍然是陆战，双方的士兵或者跳上对方舰只白刃肉搏，或者干脆登上陆地一拼高下。英国军队人数优势明显，歼灭了这些海盗。不过由于船体轻便，3艘丹麦船一度逃脱。

阿尔弗雷德对英国早期海战思想的一大重要贡献是主动防御。当时的英国人在陆地上被动挨打，而维京人依仗战船之利，来去自由，神出鬼没，让英国人防不胜防。阿尔弗雷德组建舰队，主动出击，力争歼敌于海（河）上。他也被后世史学家称为"英国海军之父"，为英国称霸海洋迈出了第一步。

诺曼人征服英格兰

大/不/列/颠/岛/上/的/民/族/融/合

1066 年，大不列颠半岛上的古老的盎格鲁－撒克逊王国土崩瓦解，一个全新的王朝开始出现，改变这一切的就是法国的诺曼底公爵威廉。

英格兰是一个联合王国，就像我国春秋时期的诸侯国一样，由几个贵族共同治理，联合对外。到了 10 世纪中叶，英格兰才成为统一的王国。

爱德华登上国王的宝座

1043 年，丹麦人失去对英格兰王位的控制权之后，有着韦塞克斯王室血统的爱德华登上国王的宝座，但实际掌握大权的是韦塞克斯伯爵哈罗德·戈德温森。哈罗德将女儿嫁给了英格兰国王爱德华，希望下一任国王由外孙继位，自己继续摄政。然而爱德华心中的王位继承人却是对自己有恩的法国诺曼底家族的威廉，因此爱德华对哈罗德的女儿敬而远之，生儿子的事也就没影了。

忏悔者爱德华

哈罗德操纵着英格兰的大小事务。爱德华如傀儡般活着，有着大把的时间，他把精力都投入到了宗教活动上，并且致力于修建教堂，对基督教无比虔诚，所以这位国王又被称为"忏悔者爱德华"。

[威尔顿雕刻的受洗版图]
爱德华（中间）为儿童受洗。

[哈罗德加冕]

[征服者威廉]

大肥肉：下一任国王

爱德华至死都没有一个儿子，也没来得及发布继位昭告，这令所有对王位虎视眈眈的人都非常着急，尤其是呼声最高的哈罗德、诺曼底公爵威廉（爱德华喜爱的继位者），以及挪威国王哈拉尔·哈德拉达（丹麦入侵者）这三位。

哈罗德成为新一任国王

1066年1月，爱德华死时，对哈罗德做了个手势。没人知道爱德华想表达什么，但是哈罗德坚信这是爱德华将王位传给自己的信号。于是次日，哈罗德迫不及待地举行了加冕礼，成为新一任英格兰国王。

罗马教皇同意讨伐异教徒哈罗德

诺曼底公爵威廉获知哈罗德成了新的英格兰国王后，暴跳如雷。明明是自己的王位，转眼就被别人抢了，于是威廉向罗马教皇提出了他的不满，理由充分：首先，他拥有英格兰皇室的血统；其次，爱德华承诺过将王位传给自己；最后，哈罗德曾发誓向自己效忠，现在却撕毁诺言，抢先登上王位。这几点理由令人无法反驳，所以罗马教皇便同意威廉以教廷的名义讨伐异教徒哈罗德，并且赐予他圣十字旗以及教皇的权杖和戒指。

❖ 威廉一世使用铁腕高压政策稳定了自己的统治。虽然对英格兰人民来说，威廉一世是一位嚣张跋扈的外来入侵者，但从长远来看，威廉一世成为英格兰国王之后，他在英格兰推行的经济、政治、宗教等各个方面的改革，让英格兰和欧洲大陆的联系更加密切，进而促进了英格兰经济和文化的发展。

[威廉一世时的硬币]

❖ 威廉一世统治英格兰以后，英格兰再也没有受到外族的入侵。相反，后来的英格兰不断进行海外扩张，进一步扩大了国家影响力。

威廉大军未到，哈罗德大批雇佣军已经解散

威廉带领上万名士兵、6000多匹战马和400多艘战舰，欲与哈罗德的军队在英格兰南海岸决一死战。威廉大军聚集在英格兰北海岸，等待对自己有利的"南风"出航，而哈罗德获知威廉欲来犯，早在英格兰南海岸做好了迎战准备。由于威廉讨伐大军迟迟不来，哈罗德军中的大批雇佣军，在等待超过2周之后，便急不可耐地解散了。

福无双至，祸不单行

哈罗德帐下的大批雇佣军解散了，这使得哈罗德非常头疼，更令他头疼的是，此时挪威国王哈拉尔达伙同哈罗德的亲弟弟托斯蒂格，带领着300艘战舰、12 000名士兵入侵英格兰。

哈罗德紧急集合军队迎战，此战哈罗德侥幸打败了挪威军，还杀死了弟弟托斯蒂格。哈罗德还没来得及庆祝胜利，诺曼底公爵威廉便率领他的大军出现在了英格兰的南海岸。

哈罗德战死

这次好运并未降临，哈罗德与威廉大战了一天，这是一场惨烈的、改写了英国历史的战役——黑斯廷斯战役。此战，盎格鲁-撒克逊王国的最后一位国王哈罗德战死，英格兰大约一半以上的贵族也都牺牲在这次战役中。

1066年12月25日（圣诞日），诺曼人威廉在威斯敏斯特教堂正式加冕，史称"威廉一世"或"征服者威廉"。

这是英格兰历史上最后一次被征服，从这以后再也没有人能成功征服英格兰。然而法国的诺曼底公爵兼任英格兰国王，这让英法关系变得很复杂，英国国王同时也是法国贵族，导致后来英国国王也有权力争夺法国王位，这为英法百年战争埋下了伏笔。

十字军东征
威/尼/斯/的/发/迹

威尼斯给人们印象最深刻的就是水上城市，它的风情总离不开"水"，蜿蜒的水巷、流动的清波……威尼斯因水而生，因水而美，因水而誉，在遥远的13世纪，威尼斯也因水而大放光彩，成为当时名动一方的商业帝国。

[教皇乌尔班二世在克莱蒙的会议 –1472年插画]

这次会议于1095年11月举行，由教皇乌尔班二世和大主教、世俗贵族、骑士等200多人参加。随后于同年11月26日，乌尔班二世在城外露天广场发表演说，鼓动"支援东方基督教兄弟"把异教徒（穆斯林）从"基督教世界里逐出"，并向参加圣战者许诺死后罪得赦免，灵魂升天堂。第二年，由法国封建主率领的十字军开始第一次东征。

威尼斯位于意大利半岛，是一个港口城市。城内横穿着潟湖，海水滋养着最早来到这里的居民；城外有许多环湖岛屿保护着整个城市，使之免于亚得里亚海汹涌波涛的侵袭。如此特殊的地理环境，发展农业显然不可能，因为少得可怜的耕地，无法养活整个城市的人口。虽然土地稀少，但威尼斯人却有着与生俱来的探险精神。

威尼斯人与航海

亚得里亚海是威尼斯人走出去面临的第一个外海。当时，亚得里亚海是连接中欧和地中海东部的海上高速公路，也是世界贸易的门户。自古以来，运载阿拉伯、意大利、黑海、印度以及远东货物的航船为了躲避狂风暴雨，都会来到这里。在威尼斯所售卖的货物，不仅有东方的香料，如胡椒、姜、丁香，也有西方的羊毛、棉花、铜和武器。

面对繁荣的航海贸易，威尼斯人知道，走出去才会有更大的发展空间。于是威尼斯向东与君士坦丁堡的伊斯兰教

海战影响事件 | 133

[占领耶路撒冷 -1099 年]

第一次十字军东征是 1096—1099 年间由西方基督教世界所发起，旨在收复在穆斯林的征服中被占领的累范特圣地的一项军事行动，最终以 1099 年十字军攻陷耶路撒冷收尾。

徒们签订了贸易协定，向西又与基督教教徒们达成协定。威尼斯人依靠航海与地中海各个角落的人们经商、互通。

打击海盗

繁华为威尼斯人带来机遇，也吸引来许多海盗。由于威尼斯人都是商人，起初他们并没有战斗经验和能力，所以他们屡屡被打败，被迫交纳大量的贡金。

这种状况持续到奥西奥罗当执政官后，才有了很大的改变。奥西奥罗首先使用了精明的外交手段，他沿舰船南下的路线，与周围城市的市民和主教交好，与他们达成同盟，保证他们不会接纳任何海盗；然后选择了一个有利的战争场所，一举拿下了当时著名的海盗群体——克罗地亚人。克罗地亚人保证，再也不会侵袭威尼斯商船。在这之后，他再派出舰队占领要塞水源的塔楼，开展对海盗的反击。凭借着软、硬两方面的举措，威尼斯的执政官及其继位者有了一个新的头衔——达尔马提亚领主。

借东风——第四次十字军东征

1198 年 8 月，教皇英诺森三世再次向基督教的军事力量发起召唤，妄图再次发动东征。同时，教皇决定，为了减少在前往耶路撒冷途中的损伤，他们需要大量

[东进（部分）]

图上描绘的是在教皇的指引下，大批贵族、士兵向东挺进的情形。

船只将整个东征军运往东方。

威尼斯人接下了这个任务，他们认为凭借优良的造船技术，运送十字军将士并不是太难的操作。通过核算，十军字需要向威尼斯支付相当于当时法兰西一年的财政收入的佣金。

威尼斯接下这单生意后，停下手中所有的商务，决定举全国之力完成这桩买卖。

教皇无法支付庞大的经费

正当威尼斯人干得热火朝天之时，十字军这边出意外了。由于前几次东征效果不大，这次赶来应召的贵族并不多，教皇无法支付这笔庞大的佣金，甚至连其总额的 1/3 都交不出。这下麻烦了，没有钱，威尼斯人就没办法造船，威尼斯人也将自己逼入了绝境。

教皇答应替威尼斯打下扎拉

恼火的威尼斯人再次与教皇协商，协商内容包括教皇军队弥补因债务给威尼斯带来的损失，并确保威尼斯能够得到具体的收益，十字军还要帮助威尼斯人攻打扎拉，在此基础上还款日期可以延期。

扎拉原本就属威尼斯的统治范围，后来依靠家族势力脱离了威尼斯。替威尼斯拿下扎拉，推进十字军东进，对教皇来说是一件非常重要的事情。

而威尼斯人借助十字军的威力，教训了那些不服管教的城市，对震慑海盗和征募水手起到了非常大的作用，所以威尼斯和教皇一拍即合，双方私下签订了协议。

威尼斯依靠十字军的队伍扩张自己

十字军在教皇的号令下。通过扎拉港口长驱直入进入扎拉城。数千十字军战士声势浩大，还未开打，扎拉就屈服了。他们派出和谈团跟十字军谈判，谈判没有结果，5 天后扎拉沦陷了。

十字军像雇佣兵一样出卖自己的力气，而威尼斯人则依靠十字军，开始扩张自己在地中海的海洋霸权。

海战影响事件

崖山海战

南/宋/灭/亡

宋元崖山海战，是1279年宋朝军队与蒙古军队在崖山进行的大规模海战，也是古代中国少见的大海战。

崖山位于今广东江门市新会区南约50千米的崖门镇，银洲湖水由此出海，其也是潮汐涨退的出入口。东有崖山，西有汤瓶山，两山之脉向南延伸入海，就像一半开掩的门束住水口，故又名崖门。

宋端宗赵昰死后，他的弟弟7岁的卫王赵昺登基做皇帝，年号"祥兴"。赵昺登基以后，任命陆秀夫为丞相。张世杰护卫着赵昺去崖山，准备继续抗元。

祥兴二年（1279年）正月，元军将领张弘范率元军浩浩荡荡陆续抵达崖山，对南宋张世杰部形成三面包围之势。

面对巨大压力，张世杰昼夜苦思破敌之策。有幕僚向张世杰建议先占领海湾出口，守住向西的撤退路线。张世杰为防止士兵逃亡，否决了此建议，并下令尽焚陆地上的宫殿、房屋、据点；又下令将千余艘宋军船只以"连环船"的办法用大绳索按"一"字形连贯在海湾内，并且将赵昺的船也安排在军队中间，以振奋军心。

元军见此情景，以小船装载茅草和膏脂等易燃物品，乘风纵火冲向宋船。

> 赵昺（1272—1279年），即宋怀宗（1278—1279年在位），宋朝最后一位皇帝，1279年3月19日，崖山海战后，左丞相陆秀夫背着时年8岁的赵昺在崖山跳海而死，南宋在崖山的10万军民也相继投海殉国，宋王朝覆亡。

但令元军意想不到的是宋船皆涂渊泥，并在每条船上横放一根长木，专门抵御元军的火攻。

元朝水师见火攻不成，就以水师封锁海湾，依靠水陆军断绝宋军淡水及砍柴的道路。被逼之下的宋军只得饮海水解渴，导致了众多士兵消化不良、上吐下泻。宋军将领张世杰率领众军与元军僵持不下，元军张弘范以张世杰外甥性命，要挟张世杰三次，均招降不果。

1279年2月6日，张弘范将其军队分成四支部队，在宋军的东、南、北三面皆驻一军；张弘范自领一军与宋军作战并发动总攻。元军鸣金交战，一时间

> 崖山海战结束了南宋朝廷的统治，但在此过程中涌现出一大批誓死卫国的英雄，有背着幼帝跳海而死的陆秀夫；有宁死不屈的文天祥……崖山海战之后，上千年的汉人政权由外族更替。

❀ [宋末三杰]

连破 7 艘宋船。宋师大败，元军一路打到宋军中央指挥船。这时张世杰见大势已去，便准备带赵昺突围，不料被丞相陆秀夫拒绝。眼看就要被俘，陆秀夫不愿做元军俘虏，遂背着年仅 8 岁的小皇帝赵昺跳海而死。南宋最后一位皇帝死去，宋朝最终还是覆灭了。

崖山海战直接关系到南宋流亡朝廷的兴亡，是一场以少胜多的大战。相传宋元双方投入军队 20 余万人，激战 22 天，南宋大败，南宋皇室和军民或战死或蹈海殉国，崖山水面浮尸遍海。

❀ [崖山古炮]

海战影响事件

基奥贾海战

威/尼/斯/稳/固/东/地/中/海/霸/权

基奥贾海战是威尼斯与热那亚在1378—1381年间发生的战争,由威尼斯获得了最后的胜利。

仔细看地图我们就会发现,威尼斯与热那亚的位置非常接近,中间仅隔着个半岛。两个国家都同样依赖地中海的海洋贸易。最开始双方合作,各自安好,但随着贸易量的增长,热那亚便开始了与威尼斯长达几百年的战争。

基奥贾海战可视为威热战争的一部分,为第三次威热战争。

威尼斯与热那亚两个海权强国为了贸易中的利益,在东地中海发生过数次冲突。在第二次威热战争中,热那亚被威尼斯重创,因此欠下大笔的债务,但热那亚很快就还清了债务。同时,威尼斯虽然重创了热那亚,但却受到北方匈牙利的威胁,被迫放弃了许多土地。

热那亚的盟友众多

热那亚的盟友主要是匈牙利及帕多瓦。匈牙利的国王拉约什一世从威尼斯手中夺取了达尔马提亚,并在公元1379年从陆路给予威尼斯北方直接的威胁。而帕多瓦则是在卡卡雷西家族的领导下切断了威尼斯与西方的联系。此外,阿

[基奥贾小镇]

基奥贾小镇有着"小威尼斯"的美誉,从地貌到建筑乃至生活传统都是不折不扣的"迷你"版的威尼斯。

奎莱亚和奥地利公爵利奥波德三世也站在热那亚这边。

地中海只能有一个霸主

对于威尼斯和热那亚这两个国家来说，第二次威热战争的结束，只意味着下一场大战爆发前的20年休战期。热那亚人与威尼斯人彼此都很清楚，地中海只能有一个霸主，不是你死，就是我亡。

威尼斯总统坐阵旗舰，热那亚惨败

1379年12月21日深夜，在总统孔塔里尼坐镇旗舰押阵下，威尼斯海军将领维托·比萨尼率领34艘桨帆船、60艘客货船与商用帆船及百余艘贡多拉小舟，载运了上千吨的石头、6000名水手和弩弓兵，从威尼斯出航。舰队不点灯也不吹号，悄悄钻过热那亚人不清楚的狭窄水道，开向亚得里亚海。

当时威尼斯城遭到了热那亚军近4个月围城。由于基奥贾水道遭到堵塞，因此热那亚军把攻击重心放在了中央的利多岛水道与北方的幕拉诺水道。但因为威尼斯人拔除了潟湖中所有标示水深的标柱，在经过几次不太成功的攻击后，热那亚也仅能在利多岛和基奥贾站稳脚跟而已。热那亚海军司令官皮耶托·多利亚对于攻陷威尼斯势在必得，他不惜把舰队集中到威尼斯湖里，打算架成一道可以直取威尼斯市街的陆桥，因此在这个时间点有半数以上的热那亚船都停

❖《都灵和约》分为四个独立的部分。其中规定：
在威尼斯与匈牙利的条约中，威尼斯每年需付7000金币给匈牙利；而匈牙利则不许船只在流入亚得里亚海的河流上行驶，达尔马提亚的商人不许向威尼斯购买超过35 000金币的货物；忒涅多斯岛交由萨伏依伯国托管，并赶走上面的居民，威尼斯承诺不支持塞浦路斯。
威尼斯与帕多瓦的条约则是双方必须交出占领的领土。
而威尼斯与第里雅斯特的条约则是第里雅斯特可以付出贡金换取自由。

❖《都灵和约》乍看之下对威尼斯不利，但它结束了威尼斯与热那亚间长期的竞争。因此，对热那亚来说，这最多只能算是惨胜而已。热那亚的舰队元气大伤，之后再也没有完全重建回来，而且热那亚本身也陷入了与其他城邦的战争及内乱当中。而威尼斯则是在之后数十年间收复了失土，且更重要的是，独占了地中海的贸易，并利用其利益来壮大自己。

泊在潟湖内。

当晚，威尼斯将领塔德欧·杰士汀尼带领1000诱敌部队突袭基奥贾。他们发射火箭、敲锣打鼓甚至用大炮轰炸，使得热那亚军被惊醒。热那亚军把所有的兵力都赶往潟湖南边的基奥贾增援，完全没注意到比萨尼的舰队已经绕到了背后。

22日凌晨，比萨尼下令全体舰队自沉，堵塞利多岛水道与幕拉诺水道，全体水手与陆战队员登陆利多岛。热那亚守军突然遭受来自背后的猛攻，猝不及防下全部被推入海中，威尼斯军收复了利多岛。破晓时分，皮耶托错愕地望向

亚得里亚海——威尼斯人用船封死了所有通往亚得里亚海的水道。一夕之间，原本包围威尼斯的热那亚舰队，反而成了被包围者。

热那亚军慌忙展开突围战，亚得里亚海上残余的10余艘大帆船也从外侧赶来支援，岸边的帕多瓦军也往基奥贾方面增援，看到热那亚军打算死守基奥贾。许多威尼斯市民划着贡多拉小舟赶往基奥贾，在这里与热那亚联军展开了激战。

经过10天的攻防战，意图接近水道的热那亚工兵都被威尼斯弩手射杀，但是威尼斯人也在连日惨烈肉搏之下死伤惨重。正当双方都濒临极限之际，一支由18艘战船组成的新舰队突然出现在亚得里亚海上，朝威尼斯驶来。如果来的是威尼斯舰队，那么就可解基奥贾之围；但倘若来的是热那亚舰队，恐怕威尼斯人已达极限的士气就要崩溃瓦解了。不过，这支充满了热那亚式风帆商船的舰队，却悬挂着红底金狮子旗。

1380年1月1日，与比萨尼一起号称威尼斯双壁的卡罗·詹诺舰队返航威尼斯。詹诺舰队的参战，彻底奠定了威尼斯的胜利，亚得里亚海残存的热那亚舰队全部被歼灭。

基奥贾海战使威尼斯摧毁了热那亚及其联盟的海上势力，取得了东地中海的制海权。1381年8月8日，双方签订了《都灵和约》，第三次威热战争至此告终。自此战之后，威尼斯垄断了东地中海贸易，而热那亚则成了葡萄牙帝国的附属国。

[都灵王宫旁的骑士雕像]

都灵王宫是萨沃伊王朝皇室的居住地，1646年由卡洛·埃马努埃莱二世建造。

12世纪到19世纪期间，都灵是萨沃伊王朝的首都，因而王宫中包含当时贵族生活方式的大量证据。王宫中建筑风格奢华，各个房间都按照萨沃伊王朝贵族的口味进行了装饰，其中有很多的钟表、瓷器、银器及各种古代家具。宫殿门的门廊之下的皇家军械库还藏有大量16世纪到17世纪的武器。

君士坦丁堡的陷落
东/罗/马/帝/国/的/终/结

君士坦丁堡战役发生在公元 1453 年，是奥斯曼土耳其帝国灭亡拜占庭帝国的攻城战，此战是当时比较典型的一次要塞攻防战，也是世界历史上一次令人震撼的战役。

日薄西山的君士坦丁堡

东罗马帝国曾经是历史上的大国，但 15 世纪初的东罗马帝国已是日薄西山，帝国所统辖的区域在一次次的外患侵袭

> 1453 年初，土耳其苏丹穆罕默德二世亲率步兵 7 万多、骑兵 2 万多、战舰 320 艘，从海陆两面包围并占领君士坦丁堡，彻底灭亡拜占庭帝国。

[穆罕默德二世率领奥斯曼军队用巨炮接管君士坦丁堡]

海战影响事件 | 141

[围攻君士坦丁堡]

下，一点点流失，只存留下了君士坦丁堡及四周的一些领土。这样的国家根本无法供养一支像样的军队，所以遇到敌情就只能向他国求援。自14世纪末期一直到灭亡，东罗马帝国的皇帝们挽救帝国灭顶之灾的唯一之道，就是不断地向外求援。西欧所有的强国（或稍强的诸侯）、教皇、逐渐崛起的莫斯科公国，几乎都曾接到过东罗马帝国皇帝的求救信，但是愿意援助东罗马帝国的并不多。

❖ 君士坦丁堡的陷落使很多希腊人从君士坦丁堡逃到西欧，并把希腊、罗马传统的知识及文书带到当地，从而推动了文艺复兴。

❖ 穆罕默德二世破城之后，在君士坦丁堡进行了大肆地抢劫和杀戮。城内的大批平民为了躲避战乱，聚集在圣索菲亚大教堂里，希望这个艰难的时刻能有神的庇佑。但是，神未能到达，却等来了伊斯兰的军队。之后，君士坦丁堡成为奥斯曼帝国的新首都，圣索菲亚大教堂被改为清真寺。

为战争做长远准备的奥斯曼土耳其帝国新王

1451年，19岁的穆罕默德二世成为奥斯曼土耳其帝国的苏丹，依旧和老苏丹一样和周边国家保持着友好的关系。当年9月，奥斯曼与威尼斯缔约，承诺彼此互不侵犯；10月，奥斯曼又与匈牙利王国签订了和约。这些迹象仿佛表明和平将被维持下去。

君士坦丁堡的人们也以为初继位的穆罕默德二世会和他父亲一样友好，然而新皇穆罕默德二世虽然年轻，却是个有野心的人，他想要攻陷君士坦丁堡，因此在不动声色地进行着战争的准备。比如，自1451年起，穆罕默德二世便在君士坦丁堡周边的海峡地区修建坚固的炮台，与其父过往所筑的炮台隔海相对，控扼整个君士坦丁堡的海上生命线。接着他又铸造了庞大的乌尔班巨炮，这门炮与其他略小的巨炮，成了日后围攻君士坦丁堡的利器。

[穆罕默德二世]

君士坦丁堡的陷落

两年之后，穆罕默德二世召集起海陆大军，攻向几乎完全没有准备的君士坦丁堡。

虽然君士坦丁堡的5000守军奋力死战，但是二者兵力实在太悬殊了。在被穆罕默德二世的10万大军围困了2个多月后，君士坦丁堡终于在公元1453年5月29日被攻破了。城内的东罗马帝国军队殊死抵抗到了最后一刻，末代皇帝君士坦丁十一世战死沙场。昔日辉煌璀璨的东罗马帝国首都君士坦丁堡从此成了奥斯曼土耳其帝国的新都城——伊斯坦布尔。

君士坦丁堡的陷落，标志着延续1000多年的东罗马帝国灭亡了，也导致连接欧亚两洲的主要陆上贸易路线中断。很多欧洲人开始认真考虑经海路到达亚洲的可行性，这在一定程度上促成了欧洲人发现新大陆。

[苏丹穆罕默德二世进入君士坦丁堡]

第乌海战

葡/萄/牙/获/得/印/度/洋/制/海/权

第乌海战是1509年葡萄牙与阿拉伯联盟在印度第乌发生的战争。战争的起因并非宗教冲突，而是经济利益争夺。获得此战胜利的葡萄牙占领了印度的果阿，继而占领马六甲，不断地蚕食着香料贸易航线。

印度的香料一直为欧洲人所青睐。当葡萄牙人闯入印度洋，利用武力开拓香料贸易时，不可避免地损害了在此地经营多年的阿拉伯商人的利益。为了抗衡葡萄牙人，当地的阿拉伯商人们团结了起来，同时还向阿拉伯的苏丹请求帮助。一时间，阿拉伯联合舰队和葡萄牙军处于剑拔弩张的备战状态。

1505年，根据航海家达·迦马的建议，葡萄牙国王派出一支舰队，以加强在东非和印度新建立的殖民地的安全，这支舰队由堂·弗朗西斯哥·德·阿尔梅达任指挥官。

双方兵力

葡萄牙舰队有18艘船、1800名葡萄牙战士和400个印度科钦土兵。葡萄牙舰队中的船只大多为四根桅杆船，动力更强。船上多层甲板上安放了重型火炮，侧舷两头也安装了许多火炮，由娴熟的炮手操纵。葡萄牙人的战船坚固异常、功能优良，小型船只很难对其构成威胁。

阿拉伯联合舰队由埃及马穆鲁克王朝、卡利卡特的扎莫林和古加拉苏丹组成，有船100艘、战士20 000名，不过舰队中只有12艘大船，其他都是只有弓

[达·伽马]

达·伽马（1469—1524年）是开辟西欧直达印度海路的葡萄牙航海家，早期殖民主义者。生于葡萄牙锡尼什，死于印度科钦。青年时代参加过葡萄牙与西班牙的战争，后到葡宫廷任职。

在世界海战历史中，第乌海战只是一次规模不大的战役，但是此战的意义是重大的，此战对东方国家落入被侵略的命运起了决定性的作用。

[1729 年刻板画《第乌城》]

[马穆鲁克的骑兵]

马穆鲁克的原意是"奴隶",因为音译的不同,也被译为"马木留克"。马穆鲁克是中世纪服务于阿拉伯哈里发的奴隶兵。奥斯曼帝国时期,马穆鲁克建立的埃及马穆鲁克王朝长期与奥斯曼帝国为敌,直到 1517 年被奥斯曼苏丹塞利姆一世击败。

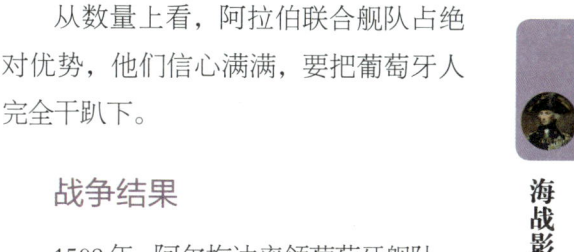

箭手的单桨帆船。

从数量上看,阿拉伯联合舰队占绝对优势,他们信心满满,要把葡萄牙人完全干趴下。

战争结果

1508 年,阿尔梅达率领葡萄牙舰队,跨过印度洋抵达印度的第乌城,与阿拉伯联合舰队相遇了。

战斗一开始,阿拉伯战船还准备按照传统战术,撞击并靠拢敌舰,将围系白头巾、手持月牙大刀的勇士送上敌舰展开肉搏,但葡萄牙舰队的大炮在 100 码之外就把阿拉伯战船击沉了。阿拉伯联合舰队的排桨船和单桨帆船没有火炮,弓箭的威力也小得可怜。当他们接上舷后才发现,对方船舷太高导致士兵爬不上去,结果被葡萄牙士兵以火器打得七零八落。最后葡萄牙人以少胜多,以 18 条船、1800 多人的兵力打败了阿拉伯人和印度人的联合舰队,而自己几乎没有任何损失。

第乌海战使葡萄牙人掌握了印度洋的制海权,控制了印度洋地区关键的贸易口岸和沿海地区,如蒙巴萨、果阿、锡兰和马六甲,开始称霸印度洋。而由于印度洋控制权的丧失,阿拉伯世界的经济受到严重影响而转衰,这也成了当时最大的阿拉伯国家埃及马穆鲁克王朝灭亡的直接原因。

海战影响事件

普雷韦扎海战

奥/斯/曼/帝/国/称/霸/东/地/中/海

奥斯曼帝国快速发展壮大后，拦腰阻断了东方贸易航线，迫使欧洲人开拓其他的贸易航线，也逐渐解除了威尼斯对地中海的控制。

[普雷韦扎海战]

13世纪末，《马可·波罗游记》出版之后，被欧洲各国奉为经典之作。书中所记载的真金白银的房顶、琉璃水晶的房梁等极大地诱惑着欧洲每个人。当时的欧洲人只有一个想法，那就是去东方。

崛起的奥斯曼帝国

本来去往东方的贸易线路是自地中海，经君士坦丁堡，转由陆路到达奥斯曼帝国，再经河西走廊进入中国。15世纪中期，奥斯曼帝国不断发展壮大，1453年，奥斯曼帝国攻占君士坦丁堡后，继续挥师东进，蚕食着基督教的世界。此时的欧洲人心慌慌：一方面因东进的航线被奥斯曼帝国霸占；另一方面因伊斯兰教的不断扩张，基督教没有抵御的办法。此时，奥斯曼帝国又迎来了一位更加凶残的领导者,他就是巴巴罗萨·海雷丁。他在 1537 年侵入爱琴海诸岛,把大部分岛屿变成奥斯曼帝国的附属国。在这一地区,余下的威尼斯群岛,包括克里特岛,在第二年夏天也被吞并,只剩下威尼斯本土未被用作海军基地。

普雷韦扎海战

教皇号召组织了第二次神圣同盟舰队,该舰队由多里亚指挥。在奥斯曼舰队返回伊斯坦布尔过冬之后,它就进入爱琴海地区,攻击了奥斯曼帝国设在阿尔巴尼亚地区的主要港口——普雷韦扎。海雷丁闻知此事,再一次成功地把这一部分舰队撤回来,驶入亚得里亚海,并最终在普雷韦扎港口打败了这支联合舰队。

多里亚和许多欧洲国家都把此次战

❋ [土耳其海军博物馆前的巴巴罗萨·海雷丁雕像]

❋ [拜见苏丹的巴巴罗萨·海雷丁]

海雷丁曾是一位 15 世纪时的土耳其海盗,他专抢基督教国家的船只。他不仅受到国王苏丹的接见,也颇受土耳其人的尊敬。在海雷丁的墓处,凡是经过此处的土耳其船只都会降帆鸣号,向他致敬。这是世界海盗史上空前绝后的殊荣。

役看成是一个和局。但事实上,奥斯曼帝国仍然控制着爱奥尼亚和爱琴海海域。威尼斯只剩下本土未被奥斯曼帝国完全控制。在这种情况下,威尼斯人被迫与奥斯曼帝国签订了一份新的和平和约,并且支付给奥斯曼帝国一大笔赎金,还被迫承认奥斯曼帝国所获得领土的所有权。此战是威尼斯人失去东地中海霸权的开始,而奥斯曼帝国打开了统治地中海的大门。威尼斯人在此战中的唯一成果就是检测了大帆船的战斗力。

海战影响事件

勒班陀海战

最/后/一/次/古/典/式/海/战

1571年，奥斯曼帝国的强大海军向欧洲发起进攻，迫使欧洲基督教国家联合起来与之对抗。双方在勒班陀海角爆发了一场大战，这场战争是人类史上最大规模的桨帆战舰大战。

[勒班陀海战]

勒班陀海战规模

勒班陀海战发生在1571年，其作战一方是由西班牙王国、罗马教廷及威尼斯等欧洲基督教国家组成的联合舰队。海军舰队总司令为唐·胡安（唐·胡安是西班牙国王腓力二世的异母兄弟），率领的舰队约有200艘桨帆战舰，多半来自威尼斯和西班牙，其他的为教皇、热那亚、萨吾伊和马耳他的舰队，参战人员共有4.4万，包括桨手和2.8万名士兵。

另一方则是奥斯曼帝国海军。舰队总司令为阿里帕夏，大约有250艘桨帆战舰，5万名水手和2.5万名士兵。

> 勒班陀海战前夕传来法马古斯塔被攻克、塞浦路斯已全境沦陷的消息。土耳其人把所有守军都残忍处死或卖作奴隶，基督教堂被毁，坟墓也被刨开洗劫。这些骇人听闻的新闻更加激发了基督联合军的斗志。

唐·胡安奋勇冲杀并杀死了阿里帕夏

有经验的海军将领都知道，桨帆战舰海战风险极大——风向稍微改变，或者一个小小的错误，都可能让整个舰队侧边朝上。要命的是，唐·胡安和阿里帕夏都没有什么海战的经验。

1571年10月7日早上，基督教联合舰队的监视哨观察到阿里帕夏的分舰队正在进入帕特拉斯湾，便开始等待对方进入自己的杀伤范围。唐·胡安专门安排重型堡垒战舰抛锚在阿里帕夏必经的水道前。当阿里帕夏的分舰队向前推进时，必须绕过这些浮动堡垒。而唐·胡安安排的这些堡垒战舰则可以用舷炮猛击绕行的敌舰。

阿里帕夏的分舰队好不容易绕过这些堡垒战舰，就与基督教联合舰队的战船相遇，战斗变成了短兵相接的混战。双方使用撞角撞击，钩爪钩住敌船，强行登上对方的舰船，在甲板上进行厮杀。唐·胡安带领基督教联合舰队的士兵，奋勇拼杀，攻上了阿里帕夏的座舰并杀死了阿里帕夏，取得了战争的胜利。

勒班陀海战是人类历史上最大规模的桨帆战舰大战，也是人类历史上最为激烈的一场桨帆船战斗。勒班陀海战的结束标志着桨帆船时代的结束，和风帆战船和舰炮时代的到来。在这次战役后，人们发现以风帆作动力的战船更具机动力，更适合用于作战；此外，人们也发现火器的使用在海战中越来越重要。这使得欧洲的帆船开始发生改变，逐渐开发出以火炮为主力武器的战术，影响了日后海上战争的发展。

❋ [纪念勒班陀海战胜利的油画]

❋ [唐·胡安画像]

唐·胡安（唐·约翰或唐·璜）是西班牙国王卡洛斯一世和芭芭拉·布隆伯格的私生子。刚出生就被交给一个巴塞罗那贵族抚养。1559年菲利普二世带他第一次与隐居的父皇见面，赐名奥地利的唐·胡安，算是认祖归宗。他是西班牙帝国全盛时期的将军。1571年领导基督教联合舰队取得勒班陀海战胜利。1578年1月在布拉奔大胜革命军，几乎全歼了尼德兰军队。同年10月，因染病死于尼德兰让布卢郊外。

无敌舰队的覆灭

英/国/海/洋/霸/权/的/开/始

英西加莱海战也被称为格拉沃利讷海战,是英西战争的组成部分。这场海战最重要的影响之一就是西班牙此役后不得不暂时放弃在英国沿岸登陆的企图。英国舰队由于这次胜利,打破了西葡帝国在大西洋上的垄断,从而能对西班牙沿岸进行劫掠性的侵袭。

1559年1月15日,伊丽莎白一世加冕为英国女王后,英国通过圈地运动、血腥立法、海外掠夺,特别是把海外贸易与赤裸裸的海盗行为结合在一起,获得了迅速发展,同时有着强烈的向外扩张欲望。

英国的扩张势必同西班牙发生矛盾。当时英国的海上实力并不强大,难以与西班牙的海上舰队相匹敌,只能靠海盗头子德雷克、霍金斯和雷利等人组织的海盗集团在海上袭击、拦劫西班牙运载金银的船只,进行海盗活动。

组建"无敌舰队"

1587年,伊丽莎白一世以谋反罪处死了苏格兰女王玛丽·斯图亚特,而玛丽·斯图亚特是一个天主教徒。为了报复伊丽莎白一世对玛丽的处决,西班牙国王腓力二世誓言要入侵英国,并用一名天主教君主将伊丽莎白一世取而代之。他组建了一支由139艘舰船组成的舰队,其中包括船员和水手8000多人,摇桨奴

[西班牙国王-腓力二世]

隶2000多人,船上满载21 000名步兵,有3000余门大炮,美其名曰"无敌舰队"(Grande y Felicísima Acmada),字面意思是"伟大而幸运的海军"。

[英国船只和西班牙无敌舰队 -1588 年 8 月]

为了实施入侵英国的计划，教皇西克斯图斯五世允许腓力二世征缴远征税。教皇承诺，如果他们能到达英国本土，将会获得进一步的补贴。

一出发就遇上了麻烦

1588 年 5 月 28 日，西班牙无敌舰队浩浩荡荡地驶往尼德兰，在那里为入侵英国做准备。

无敌舰队对打赢战争非常自信，但无敌舰队一出发就遇上了麻烦，其不幸遇到了大西洋上的风暴。无敌舰队那些号称当时世界最先进的舰船在巨大的风暴面前，变得脆弱不堪，狂风卷起的海浪让舰船剧烈颠簸，就算是常年生活在海上的水手，也感到四肢发软、头晕目眩，舰队不得不返回了避风港，休整 2 个月后才重新出发。

英国海军力量不可小觑

英国方面做了迎击准备，由霍华德勋爵任统帅，德雷克任副帅。英军共有 100 多艘战舰，载有作战人员 9000 多人，全是船员和水手，没有步兵。英国的战舰性能虽不如西班牙，但由霍金斯做了改进，船体小、速度快、机动性强，而且火炮数量多、射程远。这种战舰既可以躲开西班牙战舰射程不远的重型炮弹的轰击，又可以在远距离对敌舰开炮，以火炮优势制胜。

[西班牙谷仓里的牌匾]
牌匾上诉说的是西班牙无敌舰队曾经的辉煌。

海战影响事件

[加莱海战]

加莱海战

1588年7月22日，英西两国海军在加莱海域正式开战。两军在加莱东北海上进行了会战。西班牙的战舰高耸在水面上，外形壮观，但运转不灵，虽然人数和吨位占优势，却成为英国战舰集中炮火轰击的明显目标。英国战舰行动轻快，在远距离放炮，炮火又猛又狠，打得无敌舰队许多舰只纷纷中弹起火。西班牙战舰开炮向英舰射击，却不能命中英舰，英国舰只尽可能避免进入西班牙战舰的火炮射程之内，在远处灵活闪避，活动自如。这种远距离炮战使西班牙舰队的步兵和重炮不能充分发挥作用。

激烈的炮战持续了一整天，直到双方弹药用尽，轰击才告终止。无敌舰队被打得七零八落，两只分舰队的旗舰中弹、撞伤，一个分舰队司令被俘。剩下的西班牙军舰趁着风势向北逃窜，准备绕过苏格兰、爱尔兰回国。狼狈逃窜的

> 所谓"无敌舰队"，只是后人对这只舰队的称呼。事实上，它的本名叫Grandey-FelicísimaArmada（伟大而幸运的舰队）。船舰虽多，但质量良莠不齐。

西班牙舰队弹尽粮绝，疾病流行，更倒霉的是在海上接连遇到两次大风暴，不少士兵、船员被风浪冲到爱尔兰西海岸，被英军杀死。到1588年10月，无敌舰队仅剩65艘残破船只返回西班牙，以近乎全军覆没的结局惨败。而英舰阵亡海员水手只有百人左右。

这次英西海战就是有名的加莱海战，是世界近代史上的著名事件——拥有100多艘大战舰和3万多兵力的西班牙无敌舰队被不足万人的英国舰队打败。

加莱海战也是帆船战舰之间第一次用火炮进行远距离射杀的战斗，改变了以往海战短兵相接的战斗方式，此后海战开启了全新的战斗方式。而英国在此战所获得的结果是让西班牙暂时丧失了大西洋的霸权。无敌舰队的失败还被视为上帝支持英国新教改革的一个标志。

> 加莱海战后，西班牙无敌舰队仅损失了"圣洛伦索"号、"拉·马丽·胡安"号、"圣·马特奥"号以及一艘卡斯蒂利亚商船。在一支拥有139艘战船的舰队中不算大损失，但是能够回到西班牙的船只只有65艘。
> 真正让无敌舰队覆灭的是返航途中陌生的地理环境和突发的风暴天气。无敌舰队有3艘船在法国海岸搁浅，2艘在尼德兰海岸搁浅，在苏格兰与爱尔兰之间的海岸边也损毁了19艘，还有35艘下落不明。

[唐斯海战 -1950 年油画]

唐斯海战

荷/兰/接/棒/西/班/牙/海/洋/霸/权

唐斯海战是八十年战争和三十年战争的组成部分，发生于 1639 年 10 月 21 日。此次海战迫使西班牙最后放弃了征服荷兰的企图，同时也为荷兰赢得了海上强国的声誉，标志着世界海军力量的重大转折。

西班牙自 1588 年无敌舰队战败之后，实力日渐衰弱，不过好歹瘦死的骆驼比马大，中美洲、南美洲以及西属尼德兰的殖民地，依然供养着西葡帝国庞大的军队。

海上马车夫的发展

荷兰是由北方七省组成的共和国，由于人口少，毗邻的大国对它都是虎视眈眈。但是荷兰人利用海洋，发展航运，积累了巨大的财富，也开始接管西班牙的一些业务，同时还收留了逃避西班牙专制统治的工人，然后利用这些工人发展制造业，创造了 60 万个工作岗位。荷兰还大力发展捕鱼业，每年可捕获 30 万吨的鲱鱼，供养了荷兰 1/5 的人口。荷兰的发展，尤其是与西班牙货运贸易的竞争，使两国之间战乱不断，双方各有输赢。

英国在 1625—1630 年英西战争的所有战斗中皆惨遭失利，被迫与西班牙议和，签订《马德里条约》结束战争。条约中有关于英国开放运河给西班牙船只使用的规定，双方的船只也可以使用对方的海港整修、避风和整备，所以西班牙军舰才会放心大胆地停在英国的港口。

海战影响事件

激战唐斯海域

1639年8月27日，一支由77艘军舰组成的西班牙舰队护送24 000名陆军官兵北上增援弗兰德斯。9月16日，西班牙舰队在英吉利海峡遭到特罗普指挥的一支荷兰舰队拦截。虽然西班牙舰队中用以战斗的军舰有45艘，而特罗普麾下的战舰仅有17艘，但荷兰舰队在海战中稳居上风，以精准猛烈的炮火迫使西班牙舰队且战且退。激战过后荷兰舰队弹药耗尽，西班牙舰队趁机驶入唐斯锚地修整。

英王查理一世闻讯，立即派遣海军上将彭宁顿率领10余艘战舰前来唐斯锚地维护英国的领海主权。彭宁顿命令麾下战舰一字排开，挡在西班牙和荷兰两支舰队中间，三方在这里僵持了几个星期，谁也不肯退让。10月初，杀气腾腾的荷兰战舰无故炮击路过的英国货船，虽然特罗普立即派人道歉，但是彭宁顿对荷兰舰队的嚣张也无可奈何。10月18日，荷兰舰队开始做总攻的准备。10月21日凌晨，彭宁顿被迫率领舰队离开唐斯主航道，在一支荷兰分舰队监视下撤向北部海域。当天早晨8点30分，特罗普命令荷兰舰队对龟缩一隅的西班牙舰队发起总攻。经过一天的激战，躲在唐斯海域的西班牙舰队有大约40艘舰船被击沉或被捕获，7000名水手和士兵丧生。主帅奥昆多的旗舰中弹1700颗，在遍体鳞伤的情况下逃入敦刻尔克港，其他侥幸逃脱的西班牙舰船也是弹痕累累，残破不堪。荷兰则损失了10艘

[唐斯海战前的荷兰舰队]

❖ 唐斯海战让英国人十分丢脸，因为双方是在英国的领土上开战，而英国人却没有实力捍卫自己的领海主权和尊严。

❖ 三十年战争发生于1618—1648年，是由神圣罗马帝国的内战演变而成的一次大规模的欧洲国家混战，也是历史上第一次全欧洲大战，又称"宗教战争"。

❖ 唐斯海战之后，英国尴尬地发现，自己的领海主权不过是"皇帝的新装"而已，这次海战对英国人的刺激也进一步影响了后面的第一次英荷战争。

纵火船和千余名水手。

唐斯海战之后，西班牙海军一蹶不振，这标志着世界海军力量的重大转折。西班牙因这次海战的失败，在18世纪初之前，都未能重建其海军优势，荷兰彻底取代其成为世界最强大的海军力量。但唐斯海战发生在英国领海范围，公然破坏了英国的中立立场，对于英国来说，海军无力干预是一大耻辱。英国对这次事件的怨恨对后来第一次英荷战争的爆发产生了一定的影响。

露梁海战

决/定/朝/鲜/200/年/和/平

丰臣秀吉结束了日本群雄割据的战国时代，统一全国，继而制定了征服朝鲜、吞并中国、迁都北京的侵略计划。露梁海战便是发生在其侵略朝鲜期间的最后一场战争。1598年，丰臣秀吉病死后，完全掌握了制海权的中朝联军，决定在朝鲜半岛以西海域设伏，打击或全歼日本撤退部队。

[露梁海战]

露梁海战是发生于公元16世纪末的一场海战，是朝鲜壬辰卫国战争最后的一场海战，交战双方为明朝与朝鲜联军和日本军队的岛津立花一部。

丰臣秀吉发动了侵朝战争

明万历年间，也即日本文禄元年（1592年）正月，丰臣秀吉突然发布出兵朝鲜的命令。丰臣秀吉的野心不止于朝鲜，他最终的目的是要征服明朝，甚至想要将帝国的版图扩大到印度、东南亚。万历二十年（1592年）四月十三日，丰臣秀吉发动了侵朝战争，日本侵略军乘大小舰船700余艘，由对马岛渡海，翌日晨在釜山登陆，分北、南、中三路发起进攻。朝鲜国王李昖遣使向明朝求援，明朝廷决定发兵援朝抗日。

1592年12月23日，李如松率领明军入朝参战，侵朝日军被压制在东南沿海的顺天、泗川、南海一带。1598年8月，丰臣秀吉病死，遗命军队从朝鲜撤军。

❖ 明朝与朝鲜联军的指挥官分别为：陈璘（中国）、邓子龙（中国）、李舜臣（朝鲜）。日军指挥官：小西行长、岛津义弘等。战争结果以中朝联军获胜而结束。

❖ 明朝投入朝鲜战场的兵力约10万人，后来逐渐增加到14万人，其中水师1.3万人，战船500余艘。

双方战斗力悬殊

中朝联合水师在露梁海面以800艘战船包围500艘日本战船；日本战船以体型较小的关船居多，另有一部分体型较大的安宅船。构造简单，性能较差。装备的武器为铳（即原始的滑膛枪炮）、枪、弓矢、倭刀等。而中朝联合水师，战船的种类有福船、楼船、栢槽、沙船、苍船、铜绞艄、海舫、八喇虎等。战船的武器精良，除弓、弩、刀枪、矛等冷兵器外，还有大量火器，如佛郎机炮、虎蹲炮等。据史料记载，当时明军火炮的射程最远可达3000米，而日军的只有100～200米。

截杀日本退兵

1598年11月，日军由蔚山出逃，明军分道进击。就在日军将领加藤清正撤

❖ [李舜臣雕像]

[《露梁海战》- 邮票]

朝鲜1998年发行邮票纪念"壬辰战争胜利400周年",邮票图案为油画《露梁海战》。

退之时,水师提督陈璘派遣副将邓子龙偕同朝鲜名将李舜臣联合出击,在露梁海上截击想援救小西行长的日军援军。

邓子龙年逾七十,仍然意气风发,率三巨舰向日军进攻,并自为前锋,与日军决战,杀伤无数。但其他战舰却误掷火器于邓子龙的战舰,使战舰起火,结果邓子龙无路可退,壮烈牺牲。李舜臣领兵来援,率龟船冲入敌阵,也不幸身中流弹而亡,其侄子李莞手持军旗继续战斗。随后副将陈蚕、季金等领军赶至,夹击日军,日军则因为成功让小西行长脱困而且战且退。而得以逃脱登岸的日军又被明军歼灭,大批日军焚溺而亡。此时明军夹攻小西行长,并夺取桥寨,陈璘率领舰队一同攻击,焚烧日战舰百余艘,同时击退了日军救援舰队。此战日军死伤惨重,大败而归。

这场海战,中国明朝派出军队抗日援朝,取得海战胜利。这次战役给侵朝日军以歼灭性重大打击,对战后朝鲜200年和平局面的形成起了重要作用。

露梁海战中李舜臣创造的"龟船"很有特色。这是一种大型战船,上覆盖板,板上有十字小槽,小槽以外的地方插有利刃及锥尖。前为龙头,龙口是铳穴;后为龟尾,尾下亦有铳穴。两舷各有6个铳穴,铳穴下有橹8~10支。龟船甲板坚固,机动灵活,攻击和防护能力均较好。日军曾说:"朝鲜人水战大异陆战,且战船大而行速快,楼牌坚厚,铳丸俱不能入。我船遇之,尽被撞破。"

[17世纪荷兰占据下的马六甲海峡]

莫尔穆加奥海战
荷/兰/接/棒/印/度/洋/制/海/权

昔日强盛的西班牙与葡萄牙合并之后，依然无法阻挡荷兰。经过莫尔穆加奥海战之后，战败的西班牙与葡萄牙帝国便交出了印度洋的制海权。

葡萄牙被西班牙吞并之后，葡萄牙的各种麻烦开始源源不断地涌向西班牙，并且在荷兰人的煽动下，葡萄牙在亚洲的殖民属地开始参与进攻葡萄牙贸易基地的战争。荷兰人依靠强大的资金，雇佣欧洲各地的士兵到亚洲参战，先后将好望角、锡兰与马六甲等地占据。

❖ 为了侵略明朝，西班牙人占据着澳门，这里曾是西班牙征服明朝计划中的前哨。

1639年，西葡联合舰队的葡萄牙分舰队照例行驶在印度果阿附近海域巡视。当行驶到莫尔穆加奥附近海域时，荷兰舰队突然出现，并以少胜多一举击败了这支葡萄牙分舰队。此战直接导致荷兰在1640年夺取了锡兰的加勒，然后不断地蚕食葡萄牙在印度、锡兰的殖民地。可以说此战是荷兰接手印度沿海制海权的转折点。此后，西班牙与葡萄牙逐渐退出了印度洋海域。

比奇角海战

法/兰/西/帝/国/称/霸/北/大/西/洋

比奇角这个名字来源于法文"Beauchef"和"Beaucheif",意为美丽的海角,这里扼守海上交通要道英吉利海峡。比奇角海战也称滩头岬海战,是大同盟战争期间的一次重要海战。

[比奇角海战]

荷兰打败了英国

1688年9月,法国的路易十四入侵德国的莱茵兰,这也使得荷兰的奥兰治亲王威廉三世得以侵入英国,推翻了路易十四的岳父詹姆斯二世丧失人心的天主教政权。这就打乱了路易十四的算盘,他本来寄希望于威廉三世和詹姆斯二世彼此消磨实力,好让自己专心对付德意志各国。而眼下英国却被荷兰打败了,这让路易十四有点慌乱。

原本英国与荷兰都是当时强大的海

海战影响事件 | 159

❋ [比奇角]

比奇角也叫俾赤岬、比切峭壁、海滩之顶，位于英格兰东萨塞克斯郡伊斯特本西南、七姐妹岩以东的英吉利海峡岸边。这是一处由白垩岩构成的海岸悬崖，悬崖高达162米，是英国最高的海岸悬崖，也是著名的旅游胜地。

军国家。在荷兰打败英国后，两国海军的战力均集中到了荷兰国王威廉三世手上，荷兰海军实力大增。法国海军则在图尔维尔的率领下缩在布雷斯特。

大战一触即发

詹姆斯二世被废黜后，被路易十四派遣军舰和大使护送到了爱尔兰，路易十四还派部队并送装备到爱尔兰去协助他。威廉三世也没有停下征服的步伐，陆续派兵进攻爱尔兰，但是进展不大，而且在1689年冬季还遭受了一场惨败。1690年6月11日，为了彻底征服爱尔兰，威廉三世指挥装载着15 000名士兵的288艘运输船驶向爱尔兰，三天后抵达目的地，这支舰队仅有6艘军舰护航，这个时候，英吉利海峡中需要有一支策应威廉三世登陆的舰队，以防范可能的

[比奇角的灯塔]

危险，但是，轻视法国海军的荷兰人似乎没有想到这一点。

1690年6月23日，法国的海军将领图尔维尔率领由75艘战舰、5艘巡航舰与6艘纵火船组成的强大舰队驶出布雷斯特，随即进入海峡，沿英格兰南岸由西向东进发。从渔民口中得到消息的英国海军上将赫伯特大惊失色，此时他麾下仅有数艘英国战舰，其他大部分战舰被分散在各处打击私掠船。他派出所有小艇与轻帆船，四处通告法军来袭的消息，并让所有收到消息的英荷战舰与之会合。几天后，逐渐收拢的英荷联合舰队拥有56艘战舰，4100余门火炮——其中34艘英舰，22艘荷舰，总兵力约21 000人，而图尔维尔则有75艘战舰，火炮约4600门，总兵力约28 000人。

英荷联合舰队惨败

1690年7月10日清晨，法国舰队与英荷联合舰队决战于比奇角，图尔维尔指挥的法国舰队向英荷联合舰队发起猛攻。英荷联合舰队虽然顽强抵抗，但还是损失惨重。其中有17艘破损不堪或桅杆折断的舰只返回本国海岸后，不是搁浅就是被烧毁，其余舰只或开往泰晤士河，或藏身于荷兰海岸的沙洲群里。

法国在这次战斗中连一艘小艇也没有损失。战后法国夺取了大西洋制海权。差不多两年内，海上除了法国的船只以外，没有别国的船只。法国对海洋的控制范围达到空前。

海战影响事件

特拉法尔加海战

英/国/近/代/海/战/战/术/的/开/端

特拉法尔加是直布罗陀海峡的一个海角。1805年10月，英国海军在此同法国和西班牙的联合舰队进行了一场风帆战舰之间的规模最大的海战。英国著名将领纳尔逊在这次海战中摒弃了战列线战术，采用了冲入敌阵进行穿插分割，然后攻击敌方旗舰的战术，取得了重大胜利。

[纳尔逊将军]

纳尔逊将军全名霍雷肖·纳尔逊，英国风帆战列舰时代最著名的海军将领及军事家。

1804年4月，拿破仑在英吉利海峡对岸的布伦集结了一支庞大的军队，并征集了大批船只，准备入侵英国本土。拿破仑宣称："只要下三天大雾，我就可以成为伦敦、英国的议会和英格兰银行的主人。"

研究出新的作战战术

英国著名的海军将领纳尔逊，对海洋有着非同一般的执着，他作战勇敢，屡建奇功，在全歼拿破仑远征埃及运输船队的阿布基尔海战后，获得子爵封号。从拿破仑在布伦集结军队开始，纳尔逊就一直在研究新的作战战术——穿插式战术。

1805年10月9日，纳尔逊发布了作战计划：优势兵力以横队冲向敌军后卫，在尽量短的时间内穿过敌阵。每艘英舰最多只会遭到一艘敌舰的射击，然后全部兵力便能投入致命的近战。他还给予舰长们随机行事的权力，只要求他们尽可能地接近敌人。纳尔逊相信只要能靠近敌舰，就必然会赢得胜利。

穿插式战术成功败敌

1805年10月21日，英、法双方舰队在西班牙特拉法尔加角的外海相遇，特拉法尔加海战爆发了。

此战纳尔逊成功实施了穿插式战术，战争中的英国军舰以纵队而非横队冲向了敌人。虽然前端的战舰遭到敌军优势兵力的集火射击。但是英国舰队还是成功突入法国舰队阵地，并在随后的混战中取胜。战斗共持续 5 小时，由于英国舰队在指挥、战术及训练等方面皆胜一筹，法国和西班牙联合舰队遭受了严重的打击。法军 33 艘战列舰中，近乎三分之二向英军投降，主帅维尔纳夫被俘，英方的 27 艘战列舰无一损失，唯一的遗憾是纳尔逊将军在战斗中阵亡。

此役之后法国海军精锐尽丧，从此一蹶不振，拿破仑被迫放弃进攻英国本土的计划，而英国海上霸主的地位得以巩固。

特拉法尔加海战是一个划时代的标志，它使拿破仑称霸欧洲的梦想彻底破灭，促使了他向东方进军，它也标志着英国和法国近 100 年海上霸权争夺的结束。

海战影响事件

❦ 在 1797 年 2 月爆发的圣文森特角海战中，纳尔逊的舰队遭遇了数量比他多两倍的西班牙舰队，而且西班牙舰队拥有当时世界上最大的军舰，武器生猛，牛气冲天。他不按常规出牌，没有使用当时英国海军流行的横列队形战术——整整齐齐一直排，而是率领自己的旗舰以最快的速度冲到了西班牙舰队的中间，愣是把西班牙舰队给一斩两段，使其首尾不能相顾！经过一番激烈搏杀，纳尔逊最终俘获 4 艘敌舰，重创 10 艘敌舰，而英国舰队无一损失！捷报传到伦敦，英国举国欢庆。

❦ 1798 年，纳尔逊奉命追击拿破仑入侵埃及的法国舰队，在尼罗河的阿布基尔湾与法国舰队展开了厮杀，虽说法国舰队凶猛奋战，但还是不敌纳尔逊高超的战术（突然插进敌舰队中间），结果法国舰队 13 艘中有 11 艘战舰被摧毁，法国舰队司令布律埃也被打死，而英国舰队没有损失一艘军舰。

❦ [特拉法尔加海战]

黄海海战

日/本/夺/取/黄/海/制/海/权

19世纪末,日本通过不断扩张,将触角逐渐介入到中国领海,中日海军间的较量不可避免地发生了。黄海海战就是中日对抗的全面展现,战败后北洋水师只能退守威海卫,日本夺取黄海制海权。

[中国甲午战争博物馆]

中国甲午战争博物馆坐落于甲午战争纪念地威海刘公岛上,是一处以建筑、雕塑、绘画等综合艺术展示甲午悲壮历史的大型纪念馆。占地 14 000 平方米,建筑面积 8900 平方米,由广东河源华冠股份有限公司独家投资 6000 余万元,于 1995 年 6 月建成。

《清国征讨方略》

1887 年,日本制定了《清国征讨方略》,在这个方略里,明治天皇预计在 1892 年前完成对华作战的准备,征讨的目标则是朝鲜、中国的辽东半岛、山东半岛、澎湖列岛、台湾、舟山群岛。

为了实现这个目标,他不惜倾国所有,迅速扩建军备。事实上,他也是完全按照这个时间表和路线图,展开了对中国的侵略。1892 年,日本提前组建起一支拥有 6 万多名常备兵和 20 多万

> 由于清政府腐败，一味妥协退让，致使清军丧军失地：先败于朝鲜，后败于辽东，北洋舰队全军覆没，甲午海战清军全面溃败，京津危急。面对这种形势，清政府惊恐万状，决意乞和。中国清朝政府迫于日本军国主义的军事压力，1895年4月17日签订了《马关条约》。

海战影响事件

[中国甲午战争博物馆内雕塑]

预备兵的陆军，以及排水量7万多吨的海军，军舰排水量和武器装备水平均超过了当时的清朝北洋水师。

北洋水师舰队自1888年正式建军后，就再没有增添任何舰只，军舰渐渐老化，1891年以后，甚至连枪炮弹药都停止购买了。日本明治天皇发现清军水师的这种状况后，觉得进攻清朝的时机即将成熟，开始对当时中属朝鲜进行内政干涉和经济侵略。日本派出强大兵力企图攻占朝鲜，在获得英国支持之后，日本海军同时进攻了中国舰队，引发了两国间的战争。

海战经过及影响

1894年8月1日（光绪二十年七月初一），中日双方正式宣战。

1894年9月15日上午平壤陷落，北洋水师舰队护送4000余名入朝援军到朝鲜。9月17日返航时在鸭绿江口大东沟遭遇日军阻截，黄海海战爆发，这是甲午战争中继丰岛海战后第二次海战，也是中日双方海军一次主力决战。

此战历时5个多小时结束。海战的结果是北洋水师舰队损失"致远""经远""超勇""扬威""广甲"5艘军舰，死伤官兵千余人；日本舰队"松岛""吉野""比睿""赤城""西京丸"5舰受损，伤亡官兵290余人。

黄海海战之后，北洋水师舰队自此退入威海卫，使黄海制海权落入日本联合舰队之手，对甲午战争的后期战局具有决定性影响。

[美西海战]

1898年10月1日，美国以胜利者的姿态和西班牙政府进行谈判。12月10日，经过一番讨价还价，在古巴人民和菲律宾人民完全被蒙蔽的情况下，美国同西班牙签订了重新分割殖民地的《巴黎和约》。

美西战争爆发

开/启/美/国/超/级/大/国/之/路

美西战争是1898年美国为了夺取西班牙在美洲的殖民地古巴、波多黎各和亚洲的殖民地菲律宾而发动的战争，美国获得了胜利，从此开启了美国超级大国之路。

19 世纪的古巴是西班牙的殖民地，当时古巴的蔗糖业和烟草业对于西班牙非常重要。

美国欲买下古巴，未果

美国自从诞生之日起，就将目光投向了古巴。古巴周边也备受美国资本家的青睐，美国人在那里的投资甚至超过了西班牙。19世纪中叶，美国曾经两次向西班牙提出买下古巴，价码开到了1.3亿美元，但遭到了西班牙的坚决拒绝。此后，美国发生了旷日持久的内战，让美国耗尽了元气，古巴问题只得暂时搁到一边，这一搁就是一代人的时间。

古巴开始闹独立

古巴人并不打算任西班牙或美国摆布，很快，他们自己也开始闹独立了。

1868年，第一次古巴独立起义爆发，西班牙花了整整10年时间才把这次起义镇压下去。但到了1895年，古巴又爆发了第二次独立起义，而且声势更为浩大，把本来摇摇欲坠的西班牙帝国弄得焦头烂额。

西班牙人服软了

1898年2月15日，正在古巴向西班牙示威的美国"缅因"号军舰在哈瓦那

[美国海军上将乔治·杜威]

乔治·杜威是美国历史上第一个具有国际性影响的海军名将，他在亚洲只用几个小时就搞定了西班牙舰队，自己未损一兵一卒，从而人气飙升，成为被美国人狂热崇拜的大英雄，也成为美国建国以来第一位，也是唯一一个获得"海军特级上将"这一至高军衔的战将。

港发生了大爆炸，酿成了一出266名船员丧生的惨剧。当时，美国和西班牙的关系正剑拔弩张，美国报纸众口一词，都说是西班牙人的恐怖袭击。在公众的疯狂推动下，美国政府也顺水推舟，一边积极备战，一边进行走过场的外交交涉。美国提出了极为苛刻的最后通牒，没想到西班牙政府居然答应了美国所有条件。虽然西班牙人服软了，但是美国决定继续对西班牙进行武力打击。

亚洲西海岸的西班牙舰队全军覆没

当时的美国总统威廉·麦金莱命令美国海军对古巴进行封锁，意味着战争已经开始。

美国总统给在香港的美国亚洲分舰队司令乔治·杜威发去电报，命令他："备足燃料，一旦向西班牙宣战，你负责阻止在亚洲西海岸的西班牙舰队去古巴支援。"

美西战争打响后，杜威上将在菲律宾马尼拉海湾口的科雷吉多尔群岛海域，趁天色未明之际突袭西班牙舰队。双方炮火对射，美军虽然炮舰数量不多，但分工明确，2个小时后，西班牙舰队便被击溃。杜威并没有继续痛击西班牙舰队，而是下令暂时撤离，先回家"吃早饭"，顺便清点弹药数量。3个小时后，杜威率领的舰队再次杀入马尼拉湾，扫荡西班牙的残余力量。海战结束后，西班牙舰队几乎全军覆没，381人阵亡，而美军则损失轻微，仅两舰轻伤、8人受伤，无人阵亡，美军大获全胜。

美军冲上了没有设防的海滩

另一个战场上，美军63岁的陆军上将威廉·R.谢夫特率领32艘运输船，装载16 800名士兵，从美国佛罗里达的坦帕出发，航行了约1000海里，抵达古巴东海岸，分别从圣地亚哥以东的代基里和实沃内两地登陆。据说西奥多·罗斯福当时就在这支登陆的队伍中，他为了直接参加战斗，辞去了海军部次长一职，到第一志愿骑兵团担任团长，并在后来攻打圣胡安时表现英勇，获得了"铁骑兵"的称号。

圣地亚哥湾海战

发现美军轻松登陆后,停泊在圣地亚哥港内的西班牙舰队的司令塞尔维拉预感到陷落只是时间问题,于是决定率舰队突围。

由于西班牙舰队各舰加起来总共也只有 16 门大口径大炮,一次齐射总量仅为 6014 磅,而且因长期被封锁在圣地亚哥港内,得不到补给,问题成堆,一部分火炮还有故障,弹药大部分已变质。

而美国海军弹药充足,整个舰队配置了 60 多门 6 英寸大炮,一次齐射可发射 18 847 磅炮弹。

西班牙舰队司令塞尔维拉率舰突围时,旗舰被击中起火。这场海战进行了 3 个小时就结束了,美方伤亡甚微,只有 1 人死亡、1 人受伤。而西班牙方面则有 474 人死伤、1750 人被俘,舰队全军覆没。

西班牙承认古巴独立

从 1898 年 4 月 24 日西班牙向美国宣战,美国于次日宣战,至 8 月 12 日,为期 4 个月的美西战争结束,美国远征军攻占圣地亚哥,西班牙 24 000 人投降。

1898 年 12 月 10 日,双方在巴黎签订和约,西班牙放弃对古巴的一切主权要求和所有权,美国只付给西班牙 2000 万美元,西班牙就把波多黎各、菲律宾、关岛割让给美国。夏威夷、萨摩亚和威克岛则被美国兼并。

美西战争不仅标志着曾经不可一世

> 美国海军亚洲分舰队包括 4 艘巡洋舰,即 5870 吨的旗舰"奥林匹亚"号和"巴尔的摩"号、"波士顿"号、"罗利"号;2 艘炮艇"康科特"和"佩特雷尔"号;以及缉私船"麦卡洛克"号,总吨位 20 000 吨,共有 33 门 6 英寸炮,一次齐射可打出 3700 磅炮弹。

❋ [美国运输船"塞内卡"号]
它完成了运送部队到波多黎各和古巴的任务。

❋ [山姆叔叔的渴望]
1896 年,发表于西班牙的一幅讽刺漫画,上面的文字为"To keep the island so it won't get lost"。

的西班牙海军舰队的彻底覆灭,也代表着西班牙在菲律宾的统治正式结束,美国也从此开启了超级大国之路。

对马海战

诱/发/俄/国/十/月/革/命

对马海战是 1905 年日俄战争中两国在朝鲜半岛和日本本州之间的对马海峡进行的一场海战，是海战史上损失最为悬殊的海战之一。

日本在甲午战争胜利之后，与同样图谋中国的沙皇俄国起了冲突。在俄国、法国和德国的直接干涉下，日本不得不妥协而放弃中国辽东半岛，这令日本怀恨在心。

1898 年，大清与俄国签订了《中俄会订条约》（《中俄旅大租地条约》），清廷将旅大地区租给俄国 25 年。

俄国同时还积极向朝鲜半岛扩张。朝鲜向来是日本与亚洲大陆交流的跳板，朝鲜若为俄国所控制，不但日本向亚洲大陆扩张将化为泡影，甚至日本本土也会被俄国所侵扰。日俄两国关系因此日益恶化。

对马海战开打

1904 年，日俄战争爆发。日本联合舰队把俄国太平洋舰队封

海战影响事件

[日本人绘制的日俄海战人物群像]

❀ 远东是西方国家开始向东方扩张时对亚洲最东部地区的通称，通常包括中国东部、朝鲜、韩国、日本、菲律宾和俄罗斯太平洋沿岸地区（也就是葱岭以东的所有地区）。

❀ 战列舰是一种以大口径火炮攻击与厚重装甲防护为主的高吨位海军作战舰艇。

❀ [东乡平八郎]

❀ [罗杰斯特文斯基]

❀ 日本从隋唐时期开始学习中国，许多日本人都对中国文化有深入了解。东乡平八郎十分热爱中国的心学，尤其崇拜心学的代表人物王守仁，这对他之后的军事生涯有潜移默化的影响。

锁在旅顺港内，使其动弹不得。沙皇俄国政府迅速组建了第二太平洋舰队，任命罗杰斯特文斯基中将为司令，从几千千米之外的波罗的海赶到远东增援。日本联合舰队司令东乡平八郎根据俄国舰队补给供应情况，判断出俄国舰队要前往海参崴，对马海峡是其必经之路。东乡平八郎下令将全部战舰在对马海峡隐藏起来，等待俄国舰队的到来。

途经对马海峡的俄国第二太平洋舰队，不知不觉地钻进了日本舰队的包围圈。

东乡平八郎指挥的日本联合舰队突然出现在俄国舰队面前。罗杰斯特文斯基一直以为大规模的日本舰队在台湾海峡，怎么也没想到，这里会出现一支庞大的舰队。

战争一开始就非常激烈，俄国的先头战舰"奥斯里亚比亚"号不久便中弹沉没了，"苏沃洛夫"号和二号舰"亚历山大三世"号也遭到重创，成片的尸体被抛上浅滩。经过两天的激战，战斗以日本海军的大胜，俄国第二太平洋舰队的覆灭而结束。这一战几乎打掉了俄

[日方参战的旗舰]

国海军全部的家当。而日本海军仅损失雷击舰3艘，死伤700余人。

对马海战是近代海战史上著名的损失最为悬殊的海战战例之一。日本以仅损失3艘鱼雷艇的代价，赢得了压倒性胜利，俄国第二太平洋舰队几乎全军覆没。

对马海战充分证明了战列舰在海战中无可替代的霸主地位，并且深刻影响了海军技术的发展，催生了无畏型战列舰和战列巡洋舰的诞生，将大舰巨炮主义推向巅峰。

经此一战，俄国海军一蹶不振，俄国沙皇的统治也受到动摇。对马海战一个月后，俄战舰"波将金"号在黑海扬起了红旗，开始了俄国的土地革命。两年后，参加过对马海战的"阿芙乐尔"号巡洋舰在圣彼得堡的涅瓦河上发出一声炮响，震撼世界的俄国无产阶级"十月革命"爆发。

[俄方参战的旗舰]

※ 海参崴（俄罗斯称符拉迪沃斯托克），位于亚欧大陆东面，阿穆尔半岛最南端。清朝时为中国领土，划为吉林将军隶下，1860年11月14日《中俄北京条约》将包括海参崴在内的乌苏里江以东地域割让给俄罗斯，俄罗斯将其命名为符拉迪沃斯托克，意为"镇东府"。

※ 对马海战中俄军38艘战舰参战，被击沉21艘，被俘9艘，阵亡4830人，被俘5917人；日军仅损失3艘鱼雷艇，阵亡117人，伤587人。此役之后，远东地区很长时间没有俄国舰队的身影。"对马"一词从此在俄语中成为了失败的代名词。

海战影响事件

日德兰海战

结/束/了/战/列/舰/为/主/力/舰/的/历/史

日德兰海战是英德双方在丹麦日德兰半岛附近北海海域爆发的一场大海战。这是第一次世界大战中最大规模的海战，这场战争结束了以战列舰为主力舰的历史。

[德国海军之父阿尔弗雷德·冯·提尔皮茨]

提尔皮茨是一个极有胆魄的人物，他不但决意为德国创建一支真正的远洋舰队，而且还希望这样一支舰队能与英国皇家海军相匹敌。德皇威廉二世对提尔皮茨的胆略和雄心十分欣赏，全力支持他的扩军计划。这种信赖是如此深厚，以至于提尔皮茨最后获得了"永远的提尔皮茨"这样一个称呼。

19世纪的英国皇家海军处于全盛时期，猛将众多，战舰恢宏。即便如此，德国的阿尔弗雷德·冯·提尔皮茨伯爵却不信这个邪，他提出"风险战略"这一海军发展战略，扩编了德国海军，而且还建造了当时最为强悍的装甲巡洋舰，欲与"日不落帝国"的海军一比高下。

1916年5月31日至6月1日，英德两国海军舰队主力在丹麦日德兰半岛附近的北海海域展开了一场巅峰对决。这是有史以来参战兵力最多、规模最大的海战之一，也是世界战争史上唯一一次双方都宣称自己是胜利者的海战。

德国海军由南向北

1916年5月，德国公海舰队在莱因哈德·舍尔上将率领下，集结了99艘战舰（16艘战列舰、5艘战列巡洋舰、6艘前无畏舰、11艘轻巡洋舰、61艘鱼雷艇），分为两个编队，由南向北行驶。他的计划是想把英国皇家海军诱入圈套。他的诱饵是游弋在挪威海岸的弗兰茨·冯·希

[德国舰队在战役中受到英国舰队的围攻]

佩尔海军上将指挥的由战列巡洋舰和轻巡洋舰组成的舰队。他推论，英国人是不会派出整个舰队来拦截一次有限的侵袭的。舍尔指挥的公海舰队的全部力量在50英里之后跟踪着。如果英国海军出击，希佩尔进行象征性的抵抗后就转舵，把追击者引进舍尔的大舰队的射程内。

英国海军由北向南

舍尔的计划看上去似乎无懈可击，然而此次行动的天机早已泄露，因为英国早已掌握德国海军的密码本和旗语手册，英国海军部轻而易举地破译了德国海军的无线电密码。英国海军舰队共有151艘战舰（28艘战列舰、9艘战列巡洋舰、8艘装甲巡洋舰、26艘轻巡洋舰、78艘驱逐舰、1艘布雷艇、1艘水上飞机母舰），舰队司令约翰·杰利科海军上将在获得德军的情报后，也连夜制订了一个与舍尔如出一辙的作战计划：戴维·贝蒂海军中将率领前卫舰队从苏格兰的罗赛思港出发，于31日下午到达挪威以东日德兰半岛附近海域，以期与德舰队相遇；杰利科则亲自率主力舰队从斯卡帕弗洛港出发，也于31日下午到达贝蒂舰队西北方向60海里处的海域。如果此刻贝蒂与德舰队交上火，在主动示弱后，他应将对方引向舰队主力的方向，这样杰利科庞大的舰群就会出现于德舰的侧后。凭借英舰队庞大的火力和速度，杰利科认为完全有把握歼灭出现于预想海域上的德国舰队。

[德军指挥官莱因哈德·舍尔海军上将]

[英军指挥官约翰·杰利科海军上将]

德、英海军相遇日德兰海域

双方相向运动,在日德兰海域突然相遇,生死搏斗就这样开始了……

英国主力舰队存在数量上的优势,主帅杰利科成功地运用 T 字战术,充分发挥了舰队的炮火优势。而德军方面,英国 T 字战术缩小了德国军舰的射击范围,使德军在发挥火炮威力方面大大受限。

交战中,英军主帅杰利科率主力舰队插入德国舰队的后方,切断了德国舰队与其后方基地的航路。

被英军封锁在基地外面,那就等于毁灭,在此情况下,基地外的德国主力舰队指挥官舍尔海军上将命令驱逐舰拼死一搏,从不同的方向袭击英主力舰队,爆发了一系列殊死的交火。舍尔带领舰队成功地冲出了英国舰队的封锁,驶向威廉港。

战后双方损失

激战过后,英国舰队损失 3 艘战列巡洋舰、3 艘装甲巡洋舰和 8 艘驱逐舰,共计 11 万吨;德国舰队损失 1 艘前无畏舰、1 艘战列巡洋舰、4 艘轻巡洋舰和 5 艘驱逐舰,共计 6 万吨。

德国虽然在战果上大于英国,但此后德国公海舰队再也不敢冒险了,成为了马汉理论中的"只是存在的舰队"。

此次战役是第一次世界大战中最大规模的海战,自此,德国便不再以海军与协约国军队正面交锋,转而以潜艇战方式应敌。此战未能改变格局,海洋仍是英国海军的天下,也正是由于此战德军的失败,才促使德国潜心研究潜艇和新的战法,从这个意义上讲,它揭开了人类海战史上的新篇章。

日本偷袭珍珠港

改/变/"二/战"/走/向/的/关/键/事/件

在第二次世界大战的太平洋战场上，原本日本还不愿和美国摊牌，但当美国阻碍日本获得战略物资并干预日本的扩张计划时，日本终于坐不住了，他们决定给美国一个致命的打击。

1940年，日本国内一致支持向东印度群岛扩张的计划，以夺取该地区的石油、锡、橡胶和奎宁这些重要的战略物资。

日本开展了一系列的扩张行动，在此之前，为了警告美国不要干涉欧洲和亚洲的事务，日本于1940年9月和轴心国结成同盟，摆出一副"我方之事谁也不许插手"的姿态。

> 轴心国是指在第二次世界大战中结成的法西斯国家联盟，领导者是纳粹德国、意大利王国和日本帝国及与他们合作的一些国家和占领国。

强硬态度

美国发现了日本的意图后，宣布中止美日贸易，并且冻结了日本在美国的所有资产。美国的行为令日本内阁很不安，虽然有些谨慎的内阁成员提出缓和关系的说辞，但更多人发出了"不可以妥协"的声音，日本内阁争吵不休。结果美国再次发出声明，宣布对日本实施全面石油禁运。日本内阁这下炸开了锅，谁都知道日本的资源极其匮乏，没有了石油，这对于因扩张而陷入战争中、无法在短期内抽身的日本来说，简直是致命的一击。

随后，美国又给日本发了一份备忘录，其内容是要求日本从中国撤军。否则，不向日本输出石油及其他战略物资。罗斯福总统和他的顾问以为下了这一剂猛药，日本人肯定会妥协。然而，日本却在计划着更大的计划。

[偷袭珍珠港]

海战影响事件

时任日本海军联合舰队司令长的山本五十六，接到了给美国人教训的命令。山本本人并不主张对美国开战，但作为军人，首要职责就是要执行命令。山本分析地图后，决定打击美国太平洋舰队的大本营珍珠港。

偷袭珍珠港

珍珠港位于日、美之间太平洋东部的夏威夷群岛，距日本约 3500 多海里，距美国本土约 2000 海里，是美国太平洋舰队最重要的基地。

1941 年 12 月 7 日凌晨，在山本五十六的策划下，整个偷袭珍珠港的行动持续了约 2 小时，日军共发射鱼雷 40 枚、投掷各种炸弹 556 枚，共计 144 吨，以死伤 200 人、损失飞机 9 架、潜艇 5 艘的微小代价，炸伤、炸沉美军各种舰船 21 艘，其中战列舰 8 艘、巡洋舰 3 艘、驱逐舰 3 艘，约占在港大型舰艇总数的 50%；击毁美军飞机 311 架，约占飞机总数的 70%；美军死伤 3681 人之多。美国太平洋舰队只有 4 艘航空母舰和其他 22 艘舰船因执行任务不在港内而逃脱厄运。美国夏威夷最高指挥官沃尔特·肖特向整个太平洋舰队和华盛顿报告："与日本的战斗，由日本袭击珍珠港而正式开始。"

日本成功偷袭了珍珠港，使原来保持中立的美国正式加入同盟国参战，导致原来占有优势的法西斯轴心国逐渐走向失败；另外，在军事方面，对珍珠

◆ [偷袭珍珠港纪念邮票]

美国海军"亚利桑那"号战列舰以及主持偷袭行动的日本海军"赤城"号航空母舰。

◆ [偷袭珍珠港纪念锚]

这个巨大的铁锚雕塑，是美国为了纪念在 1941 年 12 月 7 日日本偷袭珍珠港，造成美国将士重大伤亡而设立的。

的袭击是航空母舰、潜艇和舰载机取代战列舰成为海军主力的转折点。大型战列舰决战的时代过去了，航空母舰取代战列舰成为新的海战王牌，海军航空兵作为新的决定性力量登上海战舞台。

空袭东京

日/本/战/败/的/初/现

空袭东京是第二次世界大战中美国对日本本土的首次空袭，此战成功地提振了美国原本低迷的士气，给处于抗日战争中的中国带来希望，也令日本有了休战的想法。

第二次世界大战初期，日本非常猖獗，它有着引以为傲的空军，也有着非常强大的海军，并且在陆军方面也不弱。所以，日本打完中国打美国，仿佛成了一个"战无不胜"的代名词。

> 空袭东京使得东京25万座建筑物付之一炬，100万人无家可归。鲍尔将军后来说道："火攻东京比原子弹轰炸广岛、长崎的损害总和还要大！"

海战影响事件

["大黄蜂"号航空母舰]
"大黄蜂"号从服役到战沉只有1年的时间，共获得4枚战斗之星勋章，其在美国海军最艰难的时刻表现出了非凡的战斗精神。

[1942年4月18日当天空袭后，美国《明尼阿波利斯论坛报》对杜立特空袭东京的报道，头版标题《东京遭空袭，日本承认遭受重大损失》]

蓄意报复

珍珠港遭袭之后，美军在战场上连吃败仗，公众一片哗然，士气低落。1941年12月21日，在美国白宫召开的参谋总长联席会议上，美国总统罗斯福向与会成员指示，军队应尽快组织针对日本的报复性打击。而空袭东京的想法是由当时负责《反潜法案》的海军参谋次长弗兰西斯·洛上校提出来的。具体的行动负责人是吉米·杜立特中校，他是当时美国陆军航空兵公认的最出色的飞行高手，所以空袭东京又被称为杜立特空袭。

轰炸东京

1942年4月18日8点20分到9点19分，16架来自美国陆军航空队的B-25轰炸机，在不到一个小时的时间内，陆续从"大黄蜂"号航母上起飞，6个小时后，于东京时间正午时分陆续飞抵日本上空，轰炸了东京的10个军事和工业目标，还包括横滨2个，横须贺、名古屋、神户和大阪各1个。虽然一部分B-25遇上了防空炮火以及日机的追击拦截，却没有任何B-25被击落，直到下午3点轰炸结束之后，美军的轰炸机才继续向西飞往中国境内降落。

空袭东京大大提升了美国人的士气，并使日本军部当局在民众心目中的威信下降，日本民众对当局是否有能力赢得对外战争的质疑之声此起彼伏。遭受打击之后，日本不得不从印度洋调回强大的航母编队，用以防卫本土。

珊瑚海海战

第/一/次/航/母/对/决

珊瑚海海战是战争史上航空母舰编队在远距离以舰载机首次实施交战，也是日本海军在太平洋第一次受挫。

海战影响事件

珊瑚海海战是日本自 1942 年 5 月开始发动的妄图征服南太平洋战役的一部分。

日本联合舰队向珊瑚海海域派出了"祥凤"号、"瑞鹤"号和"翔鹤"号 3 艘航空母舰。美军截获并破译了日本海军密码，得知了这一重要情报。为报珍

"祥凤"号不仅是日军在太平洋战争中第一艘损失的航母，也可能是沉没得最快的航母——前后不到 35 分钟。

[美军 SBD "无畏"式俯冲轰炸机 - 油画]

海战影响事件 | 179

[珊瑚海海战 – 绘画]
上图描述的是燃起火焰的"SHOHO"号，船只在几分钟后沉没了。

珠港被偷袭的仇，美国海军立即就近火速派出"列克星敦"号和"约克城"号航母迎战日军。

日军舰队，日军"祥凤"号航母中弹沉没，这是日本帝国海军在太平洋丧失的第一艘航母。

日本痛失一艘航母

5月7日，日本海军指挥官高木武雄指挥战机从"瑞鹤"号起飞，共78架日机，攻击并炸沉了美军的"尼奥肖"号和"西姆斯"号驱逐舰。而此时美军将领弗莱彻率领的航母主力正在向西行驶，发现了日本航母的所在位置，美军"列克星敦"号派出共计93架飞机，轰炸了

美军被击沉一艘航母

5月8日凌晨，美国"约克城"号和"列克星敦"号航母共82架飞机扑向日本舰队，此时，日鱼雷机队已经飞临美

❧ 弗莱彻是美军第二次世界大战中击沉日军航母最多的一位海军将领，包括"祥凤"号、"赤城"号、"加贺"号、"苍龙"号、"龙骧"号在内，他一共指挥击沉了5艘日本航母。

180 | 海战影响事件

舰"约克城"号航母上空。如此良好的攻击机会，日军绝不会错过。日军飞机对美"约克城"号、"列克星敦"号进行了俯冲投弹，一颗360千克的炸弹击中了美舰"约克城"号，此时"约克城"号仍能继续战斗。而"列克星敦"号被如雨般的炸弹击中，发生爆炸后。

此时天色已晚，美军将军弗莱切无意再战，遂率队撤离战场。

珊瑚海海战，美方被击沉一艘大型航空母舰"列克星敦"号、一艘油轮、一艘驱逐舰，被击中65架飞机，死亡543人，另一艘航母"约克城"号受伤；日本损失一艘轻型航母"祥凤"号、69架飞机，死亡1074人，另有一艘航母受伤。从伤亡角度看，日本海军显然取得了珊瑚海海战战术上的胜利。但从长远的角度来看，把珊瑚海海战的后果同后续的事件联系起来，那么美国毫无疑问取得了决定性的胜利。弗莱切海军少将的部队成功地挫败了日本南下控制珊瑚和澳大利亚的海上通道的战略计划。

珊瑚海海战是第一次航空母舰之间的决斗。双方的军舰没有开炮或者发射

海战影响事件

["列克星敦"号航空母舰上的飞机]
"列克星敦"号航空母舰可容留72架飞机，图中为绑扎固定好的飞机。

> 在珊瑚海海战中，双方从一开始制定的方案就是轰炸对方的航母，以击沉对方的航母为目标派出侦察机、鱼雷机和轰炸机实施行动。发现航母后，双方的空中激战就此展开，此战不仅考验飞行员的飞行技巧，还考验其投掷鱼雷和炸弹的技巧，如果在此期间无法躲避敌机的火力或者速度不够快，势必会丧生于大海之中。这是一场双方舰载机的硬件较量，但同时航母本身性能的优劣也很重要。

鱼雷，也没有进入对方的视线之内，而是从上百海里以外的远距离用所携带的舰载机来取胜。

美国海军从中深刻地感受到航空母舰编队作战将是未来海战的主要模式，于是开始大力在随后的实战中进行推广，并最终赢得了太平洋战场上的胜利。

中途岛海战
太/平/洋/战/争/的/转/折/点

偷袭珍珠港事件在美国人和日本人心里都烙下了深刻的印记，美国海军一直在伺机报复，日本海军则试图将美国太平洋舰队彻底消灭。山本五十六押上了日本海军的全部家当，准备在中途岛和美国人决一死战，然而此战后，日本海军的辉煌就此结束了。

中途岛海战是第二次世界大战的重要战役，也是美国海军以少胜多的一个著名战例。

中途岛海战于1942年6月4日展开，美国海军不仅在此战役中成功地击退了日本海军，还掌握了太平洋战争的主动权。日本方面的很多资料都认为这场惨败是因为运气太不好，美军飞机正巧在日军航母舰载机加油、换弹的节骨眼上发动了攻击，只要日军战机起飞，这场仗就不会输。事情果真如此吗？

中途岛的战略地位

中途岛的面积只有4.7平方千米，和美国旧金山和日本横滨均相距2800海里，处于亚洲和北美之间的太平洋航线的中途，故名中途岛。中途岛距珍珠港1135海里，是美国在中太平洋地区的重要军

[开战之前的中途岛环礁]

182 | 海战影响事件

事基地和交通枢纽，也是美军在夏威夷的门户和前哨阵地，其特殊的地理位置决定了它的重要战略地位。对美国而言，中途岛一旦失守，美国太平洋舰队的大本营珍珠港也将门户大开。

日军企图一举歼灭美国太平洋舰队

1942年4月"杜立特空袭"后，日本认为威胁来自中途岛，山本五十六决定实施中途岛战役，企图夺取中途岛。这不仅能报美军空袭东京的一箭之仇，还能打开夏威夷群岛的大门，防止美军从夏威夷方面攻击日本本土。更重要的是，山本想借此机会，将美国太平洋舰队残余的军舰引到中途岛一举歼灭。为达到这个目的，日本海军几乎倾巢而出，投入大半兵力，是日本海军在"二战"中规模最大的战略进攻。

此前，美国海军情报局在与英国以及荷兰相关单位紧密合作下，成功解读了日本海军主要通信系统JN-25的部分密码，美国对日本的这次作战计划了如指掌。美国太平洋舰队司令尼米兹从破译的日军电报中掌握了山本进攻中途岛的企图后，做好了充分的战斗准备，不仅加强了岛上的防御力量，还准备以3艘"约克城"级航空母舰为主力，再加

[日本"赤城"号航空母舰 – 柚木武士的舰船画集]

"赤城"号航空母舰的命名源自日本关东北部的赤城山，这与大部分使用飞翔的动物来命名的其他日本海军航空母舰有点不同。这主要是因为"赤城"号原本计划是一艘战列巡洋舰，中途改建为航空母舰，却没有再行改名而沿用原本的巡洋战舰命名。

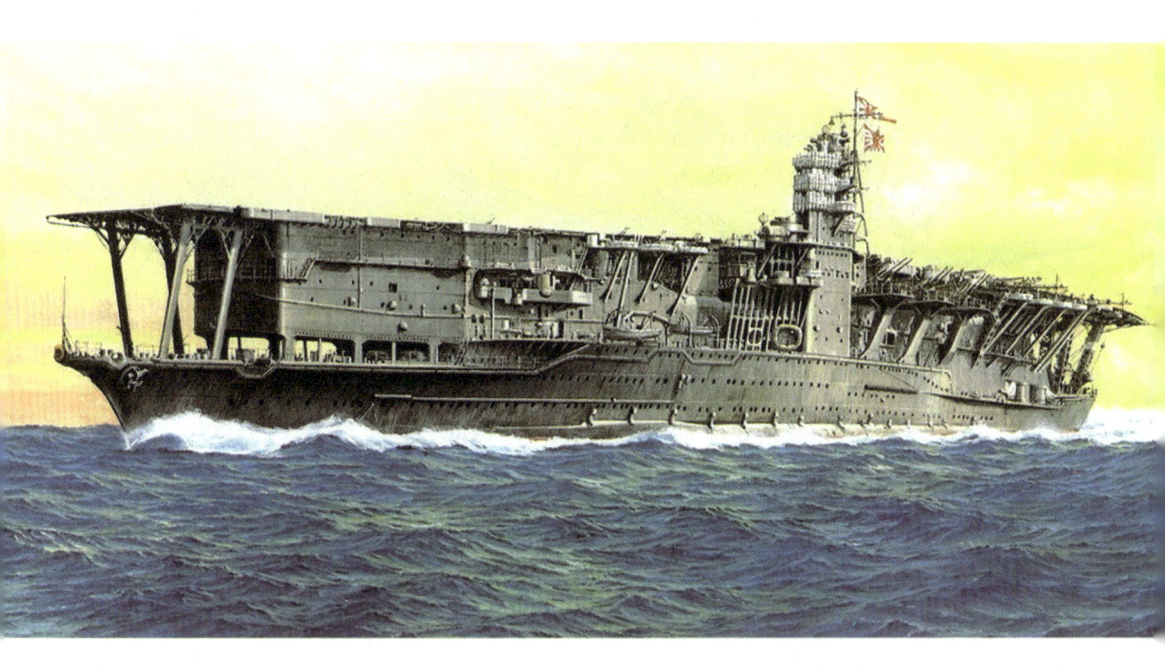

海战影响事件

上约 50 艘舰艇的舰队，埋伏在中途岛东北方向，准备攻击前往中途岛的日本舰队。与此同时，他还将 19 艘潜艇部署在中途岛附近海域，监视日舰行动。

发动攻击

1942 年 6 月 4 日早上 6 点，日本第一攻击波机群（包括 36 架俯冲轰炸机、36 架水平轰炸机和 36 架零式战斗机）开始从 4 艘航空母舰上同时起飞，共 108 架舰载机发起对中途岛的第一波攻击。日军以损失 6 架战机的代价完成了第一次攻击。中途岛损失惨重，机场、油库均遭毁坏，并有 16 架美军战机被击落。

[南云忠一]

南云忠一在中途岛海战中失去了 4 艘航空母舰，为此受到众多的批评，很多日本海军人士认为南云没有把重点力量放在中途岛之战。之后，他被调往指挥在马里亚纳群岛的日本海军，中途岛海战两年后在塞班岛自杀。

[美军 SBD 无畏式俯冲轰炸机]

SBD 无畏式（SBD Dauntless）俯冲轰炸机，此机在珊瑚海海战与中途岛海战当中，创下空前的战绩，尤其是击沉了日本引以为傲的海上主力："赤城""加贺""苍龙""飞龙"4 艘航空母舰。1944 年后，由于后继机种 SB2C 地狱俯冲者式的服役，才慢慢退居第二线。

日本海军中将南云忠一命令第二攻击波飞机准备随时迎击美国舰队，并命令侦察机搜索东、南方向海域，但是，重巡洋舰"利根"号的 2 架侦察机因为弹射器故障，起飞时间耽误了半个小时，"筑摩"号的 1 架侦察机引擎又发生故

[中途岛海战剧照]

情报人员在中途岛海战中做出了决定性的贡献，正是因为美国在紧要关头破译了日本联合舰队的"AF密码"，才一举取得中途岛海战的胜利。

障中途返航（这架飞机本应该正好搜索美国特混舰队上空），这给日本舰队埋下了祸根。

命运5分钟

8点，日侦察机报告发现美军5艘巡洋舰和5艘驱逐舰。南云的参谋长主张对中途岛发动第二波攻击，回头再来对付这10艘军舰组成的普通舰队。然而几分钟之后，日侦察机又发回一份语意模糊的电文："敌舰似乎由一艘航空母舰殿后。"

确认美方航空母舰阵容之后，南云忠一处于进退维谷的境地。山口多闻向南云忠一建议"立即命令攻击部队起飞"，可此时空袭中途岛的第一攻击波机群返航，正飞抵日本舰队的上空，第二批突击飞机换装鱼雷还没有完成，如果马上发动进攻，那么油箱空空的第一拨攻击机群会掉进海里。南云忠一权衡再三，决定把攻击时间推迟，先收回空袭中途岛和拦截美军轰炸机的飞机，然后再攻击美航母编队。但这需要1个小时的时间，美军飞机完全可能利用这段时间发起对南云舰队的袭击。如果美机恰巧在日军为飞机补充弹药和油料之时进行轰炸，日舰将面临致命的打击，这是一个危险的方案。但南云忠一不愿意让自己的飞机掉入海中，希望尽可能减少损失。他是在赌博，他不太相信美国舰队会抓住这个稍纵即逝的战机。

命运就是这么残酷，战局在短短的1小时内急转直下。南云忠一的一念之差，终于招致了日本海军350年来最大的悲剧：只差5分钟，第一架日本战斗机就可以飞离飞行甲板，美机的攻击从天而降。一切都是那么巧合，日军航母上堆满的易燃易爆物品只要沾上一点儿火星，就足以把这个钢铁巨物送入海底。美机痛快淋漓地轮番投弹。顷刻之间，日军的3艘航空母舰变成了3团火球，惊人的爆炸声此起彼伏，转眼之间日本失去了3艘航母，威武一时的南云舰队只剩下"飞龙"号航母独撑危局了。

日本航母编队遭受了毁灭性的打击，

海战影响事件

[《时代》杂志上的斯普鲁恩斯]
中途岛海战是由太平洋舰队总司令尼米兹制订作战计划,由哈尔西所指挥的战斗。但是由于哈尔西当时身患带状疱疹,所以临时将指挥权交给了斯普鲁恩斯。

斯普鲁恩斯非常低调、乏味,甚至连自己的生平,都希望简单得一目了然。他的性格及处事方式非常有趣,现摘录几点:
冷静:作为军事指挥官通常需要保持十分的冷静。为了做到这点,斯普鲁恩斯在非战斗期间,坚持要求晚上睡觉时不被打扰。
自信:斯普鲁恩斯能够看到别人看不到的机会,所以他需要保证思考的时间,为此,他的办公室里只有一张桌子,为的就是来客不会长时间打扰他。

这令"飞龙"号的司令官山口多闻怒不可遏,他在接替了南云忠一的空中作战指挥权之后,毫不犹豫地对美航母舰队发动了反击。"飞龙"号发动两次进攻后,舰员们疲惫不堪,战斗力大减,但山口仍决定黄昏时再次出击,给美舰队以最后的致命一击。正在这时,一队美军轰炸机突然冲向"飞龙"号,一连串炸弹呼啸而下,4弹命中目标,"飞龙"号沉入海底。

"飞龙"号的沉没,标志着南云舰队的彻底失败。远在300海里外的"大和"号战舰上的山本五十六眼见大势已去,痛苦地向日本舰队发出了承认失败的电文,撤销了中途岛作战计划,失去了空中掩护的日本舰队狼狈撤回。

中途岛海战改变了太平洋战争中日、美两军的实力对比,日军仅剩重型航母1艘、轻型航母4艘,更重要的是,在这次战斗中,日军损失了大量有经验的优秀飞行员,从此日本在太平洋战场丧失了战略主动权,这场海战可说是太平洋战争的转折点。

诺曼底登陆

开/辟/欧/洲/第/二/战/场

> 诺曼底登陆战是世界历史上规模最大的一次两栖登陆战役,为开辟欧洲第二战场奠定了基础,使第二次世界大战的战略态势发生了根本性变化。

1944年6月5日夜,英吉利海峡狂风恶浪肆虐,美英盟军发动的诺曼底登陆战役打响。

从6月5日午夜到次日凌晨5点,美英盟军先是出动2500架轰炸机对登陆地域及其附近地区实施航空火力轰炸,投弹量约1万吨。然后由美国陆军上将、同盟国远征军最高司令德怀特·艾森豪

❋ [艾森豪威尔]

第二次世界大战期间,艾森豪威尔担任盟军在欧洲的最高指挥官,1944—1945年负责计划和执行监督进攻维希法国和纳粹德国的行动。
1948年2月退役,任哥伦比亚大学校长至1953年(但从1950年起一直缺席而担任北约司令)。
1952年作为共和党总统候选人参加竞选总统获胜,成为美国第34任总统,1956年再次竞选获胜,蝉联总统。
1969年3月28日因心脏病在华盛顿逝世。

🌿 法西斯原指中间插着一把斧头的"束棒",为古罗马执法官吏的权力标志。现象征强权、暴力、恐怖统治,对外侵略掠夺,是资本主义国家的极端独裁形式。

威尔指挥,以美英两国军队为主力的盟军先头部队,总计兵力达 17.6 万人,跨越英吉利海峡,抢滩登陆诺曼底。

"霸王行动"

为了配合苏军大举反攻,彻底打破德国法西斯称霸世界的妄想,早在 1943 年 11 月,美、英、苏三国首脑在德黑兰会议上就确定于 1944 年 5 月初发动代号"霸王行动"的战役,即诺曼底登陆作战计划。

1943 年 12 月 5 日,美国总统罗斯福正式任命艾森豪威尔为盟军在欧洲的最高司令官,统一指挥西欧的登陆作战,并把时间定为 1944 年 6 月 6 日,这就是本文开头的那一幕。

诺曼底登陆

6 月 6 日清晨,盟军大部队开始全面登陆。美方第三集团军大部,分乘坦克登陆舰"帝国标枪"号和"查尔斯亲王"号,以及数十艘突击登陆艇,在格朗康地区冒着德军的炮火狙击强行登陆。只有 1 艘小艇触雷爆炸,100 余名官兵丧生,其余登陆艇在登陆舰和战舰炮火的掩护下,顺利登上海滩。

面对着海、空并进的轰炸,驻守在前沿的德军还未反应过来,就被盟军打得七零八落,溃不成军,不少德兵纷纷举手投降。

德军费希丁格反击

当天下午,德军第 21 装甲师师长费希丁格赶回师部,集结所属部队发动反扑。德军在装甲部队的掩护下,艰难地前进。此时,美英盟军的 500 架运输机从头顶飞过,该机群主要是为英军运送后续部队和补给,而德军误以为盟军空降伞兵,害怕遭到盟军前后夹击,德军惊慌失措下不战自乱,放弃反击匆忙后撤。

🌿 所谓空海联合护航,即水面护航和空中护航部队进行联合护航,保护运输船只的防御性战术,它是在德国潜艇部队对盟军运输船只造成了严重打击下诞生的特殊作战方式,这种护航舰队和空中部队有着良好的默契,且能够在进行火力防御时相互配合,这种战术发展到战争后期还会依靠航空母舰的支援,从而更具威力。

🌿 艾森豪威尔在诺曼底登陆后说:"毫无疑问,诺曼底战场是战争领域所曾出现过的最大屠宰场之一,那儿一带的通道、公路和田野上,到处塞满了毁弃的武器装备以及人和牲畜的尸体,甚至要通过这个地区也极为困难。我所见到的那幅景象,只有但丁能够加以描述。一口气走上几百码,而脚步全是踩在死人和腐烂的尸体上……"

德军隆美尔反击

1944年6月7日，希特勒将西线装甲集群的5个装甲师的指挥权交给埃尔温·隆美尔，希特勒期望凭借这支精锐部队大举反击，但面对严峻的局势，他不得不把反击的第一个目标定为先阻止盟军将五个登陆滩头连成一片。

德军惨败，再无力发动大规模反击

可惜受命的隆美尔率领的装甲部队从100～200千米外赶来，一路上在盟军猛烈的空袭下，根本无法成建制投入作战，即使零星部队到达海滩，也在盟军军舰炮火的袭击下伤亡惨重。就这样，在盟军海、空绝对优势火力下，隆美尔的滩头反击梦碎，德军再无力发动大规模反击。

历时43天的诺曼底登陆战役，德军组织了多次反击，均被盟军摧毁。盟军取得了胜利，共消灭德军20万人，俘虏20万人，缴获坦克1300辆、军车2000辆、

❦ [隆美尔]

隆美尔，纳粹德国的陆军元帅，世界军事史上著名的军事家、战术家、理论家，绰号"沙漠之狐、帝国之鹰"，他与曼施坦因和古德里安，被后人并称为第二次世界大战期间纳粹德国的三大名将。

大炮 1500 门。尽管盟军也有损失,但终究取得了辉煌的胜利,为开辟欧洲第二战场奠定了基础,且对盟军在西欧开展大规模进攻、加速德国法西斯的崩溃以及决定欧洲战场的胜利形势起到了重大作用。

> 德黑兰会议是第二次世界大战期间,美、英、苏三国首脑罗斯福、丘吉尔和斯大林在伊朗首都德黑兰举行的会议。1943 年反法西斯战争各主要战场形势发生根本转折,同盟国已经取得战略进攻的主动权。为商讨加速战争进程和战后世界的安排问题,美、英、苏三国首脑于 1943 年 11 月 28 日至 12 月 1 日在德黑兰举行会晤。

❋ [《六月六日登陆日》- 电影海报]
《六月六日登陆日》,又被译为《诺曼底登陆战》,是以诺曼底登陆战为原型的电影。

❋ [诺曼底登陆纪念邮票]

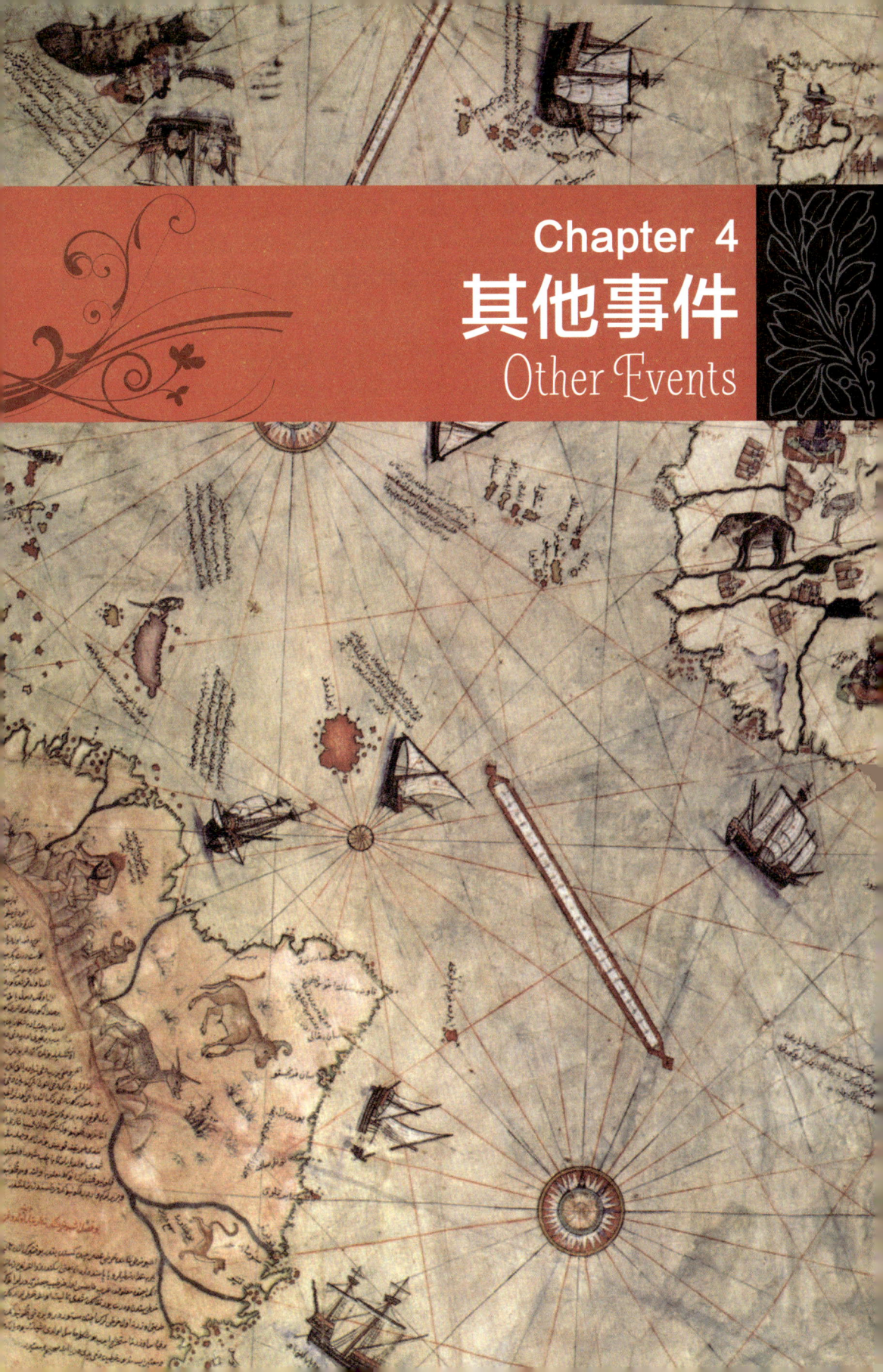

Chapter 4
其他事件
Other Events

雅典海上权力的崛起
成/就/了/希/腊/大/陆/长/久/的/和/平

公元前5世纪，雅典城邦不断发展并逐步形成雅典海上帝国，对东地中海及周边地区造成了巨大的历史影响。

海权这个概念是由美国军事理论家阿尔弗雷德·塞耶·马汉提出的，他用精准的词语形象地概括了海上舰队的力量，但是争夺海权早在公元前的时候，就有人开始尝试……

走向海洋

公元前8世纪—前6世纪，在希腊大陆，雅典是国土面积仅次于斯巴达的第二大城邦，境内多山，适合发展农业的耕地比较少，雅典的可耕地面积占城邦总面积的1/5，所以其谷物产量只能维持很少一部分人的生活，80%的粮食需要进口。先天的劣势，让靠海的城邦和港口有了发展的机会。

这个时期的希腊各个城邦大都繁荣兴盛，人口不断增长。但城邦里有限的资源并不能维持所有人的生计，所以许多古希腊人开始出走他乡，寻找出路。雅典人则利用自己有航海经验的优势，横行于爱琴海沿岸，远航到各地进行殖民活动，最终有些人发展成海盗，有些则成为海商。

[希腊神话中的大船——"阿尔戈"号]

[硬币上的"阿尔戈"号 - 公元前4世纪]

[双层桨船－腓尼基人壁画]

双层桨船和后来的三层桨船都是由腓尼基人发明的，在公元前5世纪左右，因雅典执政官地米斯托克利提议，雅典人也有了这种战舰。

先进的造船技术

公元前1600年—前1400年，希腊已经出现了桨船和帆船。这种船又窄又长，可以说是最早的靠方形帆和桨来驱动的战船，船尾还配备一根更为细长的木桨作为船舵使用。这种船体积大，一侧有15～25个桨手，每人划动一支桨驱动船行驶，因此被称为单层五十桨船。

后来希腊人又造出了更大的船只，即双层五十桨船，由于操作人手的增加，动力较之前有了很大的提升。这种船速度快，反应灵活，并且在船艏安装了金属材质的撞角，因此它不再做货船使用，而是当作战舰使用。凭借优秀的造船技术，希腊人让货船与战船有了明显的分工。

防御海上

东方波斯帝国在新的国王带领下，

> 薛西斯一世所在的波斯帝国，横跨两河流域、小亚细亚、埃及等地，其父亲大流士一世在死前一直不断地提醒薛西斯要攻打希腊，所以，他一上位就遵循父亲的遗愿，开始了西征。

逐渐强盛起来开始西侵，这让希腊感觉到了来自东方的威胁。作为海上强国的希腊城邦需要不断地强大自己，以备不时之需。

公元前494年，米利都成为波斯的一隅。剧作家吕尼霍斯创作的悲剧《米利都的陷落》开始在希腊的雅典上演，剧中描写的波斯人在米利都所进行的一些残暴行为令雅典人深感恐惧。这部剧后来被禁演，并被罚款1000德拉克拉。

公元前493年，地米斯托克利成为新一届雅典执政官。《米利都的陷落》

中所描写的场景令他心悸。他一上台，就开始着手建设比雷埃夫斯港口，并以此为基础，大力发展海军。

公元前480年，波斯帝国的薛西斯一世率大军入侵希腊，著名的希波战争打响。战事开始时，希腊各城邦的联合军都跟随骁勇善战的斯巴达与波斯帝国作战，但是随着战争升级，主战场已经从陆地向海洋转移，此时，雅典海军的力量不断凸显。紧跟着爆发了人类历史上最为著名的海战——萨拉米斯海战。

这一场战争不仅是人类历史上第一场大规模海战，也是雅典海上势力崛起的开端。

雅典海军在萨拉米斯海战中打败了波斯帝国的舰队，同时也将波斯人远远地赶走，希腊从此有了反攻的态势。

因为强大的雅典海军的震慑，希腊大陆有了长久的和平，也正是依靠这支空前强大的海军舰队，雅典牢牢地控制住了爱琴海上的所有关键战略要塞和商路，使雅典成为整个希腊世界里最为重要的政治、经济和文化中心。到公元前5世纪，雅典帝国得以建成。

❦ [地米斯托克利]
地米斯托克利是雅典海军发展史中不可不提的重要人物。他出身商人家庭，从小就勤于思考、工于心计。经过他不断的努力，雅典海军成为希腊各城邦中最强大的军事力量。

❦ 希波战争是古代波斯帝国为了扩张版图而入侵希腊的战争，战争以希腊获胜、波斯战败而告终。希波战争是世界历史上第一次欧亚两洲大规模国际战争。这场战争前后持续了将近半个世纪，结果是希腊城邦国家和制度得以幸存下来，而波斯帝国却一蹶不振。

❦ [希波战争]
在公元前5世纪的古代希腊酒杯上描绘的希波战役，波斯士兵（左）和希腊重型步兵（右）。

指南针传入欧洲
指/引/地/理/大/发/现

众所周知，指南针是我国的四大发明之一。它传入欧洲以后，欧洲人利用它乘风破浪、四处探险，开启了15世纪至16世纪的地理大发现，世界的格局因此而改变。

指南针最早出现在我国黄帝时期，当时的人们利用天然磁石做成的仪器来识别方向，形成了最早的指南针，名曰司南。

《鬼谷子》中的《谋篇》有这样的记载："故郑人之取玉也，载司南之车，为其不惑也。"意思是说，郑国人去获取宝玉，需要在车上安放指南针，帮助他们辨别方向。可见，在当时这本书成书时，我国就已经将司南作为陆路的导航使用了。

出使大食国——带去了指南针

公元785年，唐德宗李适命令宦官杨良瑶作为大使，出使大食国。杨良瑶从今天的广州出发，绕过海南岛，沿着今越南东海岸南行，经过海峡，路过天竺、师子国，到达大食国的弗剌利河，换乘小船北行至末罗国（今伊拉克重镇巴士拉），再向西北陆行千里，到达茂门王（穆罕默德）所在的都城：缚达城（今伊拉克首都巴格达）。

这是中国南方船队第一次远到西亚的阿拉伯世界，据传当时杨良瑶就是使

[司南]
司南的形状像一把汤匙，放置在铜制的方形地盘中。地盘四周刻有24个方位。司南在光滑的盘中转动，当它停下来时，匙柄就指向南方。

在我国广泛传播的司南模型，是在1945年由王振铎先生所提出的。真正第一个司南被制造，是由于郭沫若出访苏联，需要携带一件有"中华文明"象征的礼物。
因此，这个"勺状"的复制品，尽管无法用天然磁性指南，但仍担负着发展国际友谊的重任。1952年，它被当作中华古老文明的象征送到了苏联。

其他事件

用了指南针作为导航，才没有在大海中迷失方向。杨良瑶成功到达阿拉伯世界，同时也带去了大唐文化，其中也包括指南针，后来阿拉伯商人将指南针带往了欧洲。

的黄金和财富的幻想，靠脚丈量土地来到中国元大都。凭借它，葡萄牙人达·伽马沿非洲西海岸到达好望角并远航印度，满载香料而归。

由阿拉伯人传入欧洲

唐朝时期的海上丝绸之路在史籍中的记录非常之多，海上贸易非常繁荣。当时唐朝商人与阿拉伯人的贸易是非常普遍的，而且阿拉伯人非常喜欢中国的船只。当时有很多阿拉伯人在广州和泉州等海港居住下来，所以，指南针是通过这些阿拉伯人最早传到了欧洲。

指南针指引欧洲地理大发现

关于指南针是如何传到欧洲的说法有很多种，但是不管什么说法，指南针最早是由中国人发明的，这个是不容置疑的事实。

指南针到了欧洲后就开始"欧化"，欧洲人将指南针固定在一个有三十个方位格的木制圆盘上以便使用，据说这样的仪器是由意大利南部一个工匠制作的。

欧洲人有了指南针以后，消除了对海洋的恐惧，自15世纪掀起了一波高过一波的航海高潮，不仅迎来了世界史上著名的地理大发现，而且使欧洲国家开始了疯狂的资本积累。

指南针成了当时欧洲人发现世界、探险新环境必不可少的东西，凭借它，马可·波罗这个威尼斯人，依靠对东方

❋ [伟大的发明纪念邮票－司南]

1953年中国邮政发行了一套特种邮票"伟大的发明"，一共4枚，其中第一枚（特74-1）就是这个勺状的"司南"。这也使得这个"司南"成为家喻户晓的形象。

❋ [第一次世界大战时使用的军用指南针]

威尼斯兵工厂

威/尼/斯/海/上/霸/权/的/强/力/孵/化/器

中世纪时期的威尼斯，是世界经济和贸易的中心，而支撑起它的却是一个造船厂——威尼斯兵工厂。

其他事件

威尼斯是一个边缘小国，本来名不见经传，但由于威尼斯商人的精明，这个小小的城邦发展成了地中海的霸主。15世纪初，小小的威尼斯一年的财政收入，折算下来就有8500万美金，就算是当时的大明王朝举全国税收，也只不过这个收入，但是明朝的人口数量是威尼斯的近1000倍！

[威尼斯兵工厂－版画]

第一个拥有兵工厂的城邦

自12世纪后半段，由于海洋贸易的兴盛，威尼斯的舰船数量已经明显不足，原有的私人船只已经不能满足需求，于是威尼斯在主岛东部北岸的一侧，建立起了兵工厂（政府造船厂）。

此时的兵工厂尚未有后来的规模，仅仅是将一些私人船坞加以整合，其职责也仅是为船只提供修理，或是建造普通的桨帆船甚至贡多拉而已，这一阶段的兵工厂被称为"旧兵工厂"。

威尼斯通过第四次十字军东征从君士坦丁堡攫取大量财富之后，其海洋商业帝国的图景日渐清晰，兵工厂也在13世纪末期开始得到扩建。随后在15世纪，受到威尼斯与奥斯曼帝国战争局势的推动，兵工厂规模再次扩张。

流水线作业

威尼斯兵工厂在16世纪时构建了颇具生产线特征的船舶舾装作业流程。当龙骨与船身在新兵工厂搭建完毕后，它们就顺河而下，然后按顺序通过各个车

其他事件 | 197

[15世纪的帆船 - 插画]

间做相应组装。先是索具,然后是储物设施,再然后是刀剑,之后则是投射机和火炮……林林总总应有的一切皆先后被舾装妥当。

这一作业模式在中世纪晚期的欧洲独一无二,即使是在本就有极高精密度要求的舰船建造业中,也几乎如此。这种流水线作业模式有着极高的工作效率。例如,在威尼斯与奥斯曼帝国在地中海的战事行将崩溃的1570年春季,兵工厂在两个月内造出了100艘桨帆船,若是没有这一及时补充,威尼斯很可能坚持不到第二年的勒班陀海战,更遑论取胜了;又如在1574年,法王亨利三世访问威尼斯,威尼斯兵工厂的工人在法王用膳的同时,从无到有地建成了一艘桨帆船——而这仅仅是为了给法王用餐助兴而已。

兵工厂强大的制造能力,赋予了威尼斯海军强大的数量优势。在15世纪初叶,威尼斯就拥有了3300艘各式船只与36 000名水手,它们成了威尼斯海上帝国的柱石与血肉。

加莱赛桨帆船

威尼斯兵工厂除了建造传统的桨帆船外,还建造出了它的加强版——加莱赛桨帆船。它比普通桨帆船更大,风帆布局也更为复杂,装载的士兵与武器也更多。在1571年的勒班陀海战中,6艘威尼斯大型加莱赛桨帆船就充当了神圣同盟舰队的各翼先锋,凭借其强大的火力给予了奥斯曼舰队当头棒喝。

人性的管理制度

在威尼斯城中,为威尼斯兵工厂工作的人们不论其职位高低,都有一个统称,叫"兵工厂之子"或"兵工厂佬"。"兵工厂之子"们在厂区附近有着固定的聚居区,集体上下班,将自己与潟湖中的其他居民区别开来。

他们还享有一定的特权,即只要名列兵工厂的花名册编制中,他们就可以随时在兵工厂内部找到任何工作,工资日结,即使他们老到不剩多少劳动能力了也依旧如此。如果对薪水不满意,他们就会集结起来冲击威尼斯总督府表达抗议,而总督和城邦要员也不敢得罪他们,往往都是恩威并施,息事宁人了事。

在欧洲多数地方的工匠尚在小型手工作坊里劳动时,威尼斯兵工厂就已经集结了几千工人在流水线作业,这不仅让威尼斯商人获得了巨额利润,也成就了威尼斯在东地中海的霸权地位。

海上丝绸之路

黄/金/航/线

海上丝绸之路是指古代中国与世界其他地区进行经济文化交流的海上通道，也称"海上陶瓷之路"或"海上香料之路"，1913年由法国的东方学家沙畹首次提及。

[《马可·波罗游记》中关于泉州港的插画]
泉州港古名刺桐港，早在唐朝时就是世界四大港口之一，被马可·波罗称为光明之城。

海上丝绸之路是古代中国与世界交流的海上通道，萌芽于商周，形成于秦汉，兴盛于隋唐，是我国已知的最古老的海上航线。海上丝绸之路分为东海航线和南海航线两条线路，其中主要以南海为中心。

南海丝绸之路

南海丝绸之路即南海航线，起点主要是广州和泉州，在我国唐朝时期被称为广州通海夷道，是当时世界上最长的远洋航线。

这条航线由广州或泉州经中南半岛和南海诸国，穿过印度洋，进入红海，抵达东非和欧洲，途经100多个国家和地区，成为中国与外国贸易往来和文化交流的海上大通道，并推动了沿线各国的共同发展。明朝时，郑和下西洋所走的正是这条航线。

宋以前，南海航线途经的港口，与之贸易的多数是阿拉伯、威尼斯、热那亚商人，通过他们再将丝绸、瓷器等商品运往西欧各国。

到了宋朝，朝廷开放海禁，中国海

商成功地打破了阿拉伯人的贸易垄断，并在此后的几百年时间内，由中国海商承揽了中国到印度的航运。

后来朝政更迭，特别是元朝灭亡后，欧洲人东进的热情逐渐高涨，尤其到了地理大发现时期，西欧航海家发现了新的航线，并打败了阿拉伯商人来到我国南海，而这个时期，刚好是我国的明朝，郑和七下西洋回来后，明朝实行海禁。于是，一个以西方为主导的世界经济秩序开始成型，东西方的格局由此开始逆转。

东海丝绸之路

东海丝绸之路即东海航线，是由春秋战国时的齐国在胶东半岛所开辟的，这条航线直通辽东半岛、朝鲜半岛、日本列岛到达东南亚等地区。众所周知的徐福东渡，走的就是这条航线。

到唐朝时，这条航线带动了山东半岛和江浙沿海与中、日、韩的海上贸易。到了宋代，浙江宁波成为中、日、韩海上贸易的主要港口。

通过东海航线，我国的商品不断地运往日本、朝鲜半岛及东南亚各国，我国的先进文化也同时传播到了这些地区。儒家思想、律令制度、汉字、饮茶文化、服饰及建筑风格等，对日本、朝鲜半岛及东南亚各国都有了深远的影响。

海上丝绸之路是继陆上丝绸之路后，我国人民走出国门、了解世界的又一个窗口。它的成型，对于我国周边国家和地区来说，是一次文化变革、经济发展的重要机遇，同时也促进了东西方文化的交流。

海上奴隶贸易

非/洲/黑/人/的/血/泪/史

其他事件

最早的跨国奴隶贸易出现在中世纪之前,非洲黑人经撒哈拉商道、尼罗河及印度洋由阿拉伯人贩卖到南欧、阿拉伯世界及波斯甚至南亚等地。海上奴隶贸易并不仅仅局限于黑人,白人和黄种人也有被卖为奴者。

奴隶是私有制和阶级社会的产物,在许多国家有着不同程度的残存。15世纪之后,非洲的奴隶成为最有价值的资源。奴隶贸易不仅夺去了许多人的性命,同时,也对早期全球化产生了不小的影响。

葡萄牙最早的奴隶贸易

亨利王子对于葡萄牙的探险事业来说有着深远的影响。1442年,在他组织的一次探险活动中,他手下的两位船长将12个非洲黑人带到了里斯本,由此开创了欧洲人进行奴隶贸易的先河。

有了首次奴隶贩卖的成功,在利益驱使下,葡萄牙人在海外的探险活动越来越频繁,他们往里斯本运回的奴隶也越来越多。

葡萄牙探险船长笔下的奴隶

葡萄牙探险船长在日记中这样描述非洲奴隶:"从此,他们(代指非洲奴隶)的命运与过去完全相反。因为以前他们生活在灵魂和肉体的地狱中。就他们的

[奴隶船－默西塞德郡海事博物馆]
自1509年之后,这样的船只在大西洋上成为常见的货船,大批非洲奴隶被卖往美洲。

其他事件 | 201

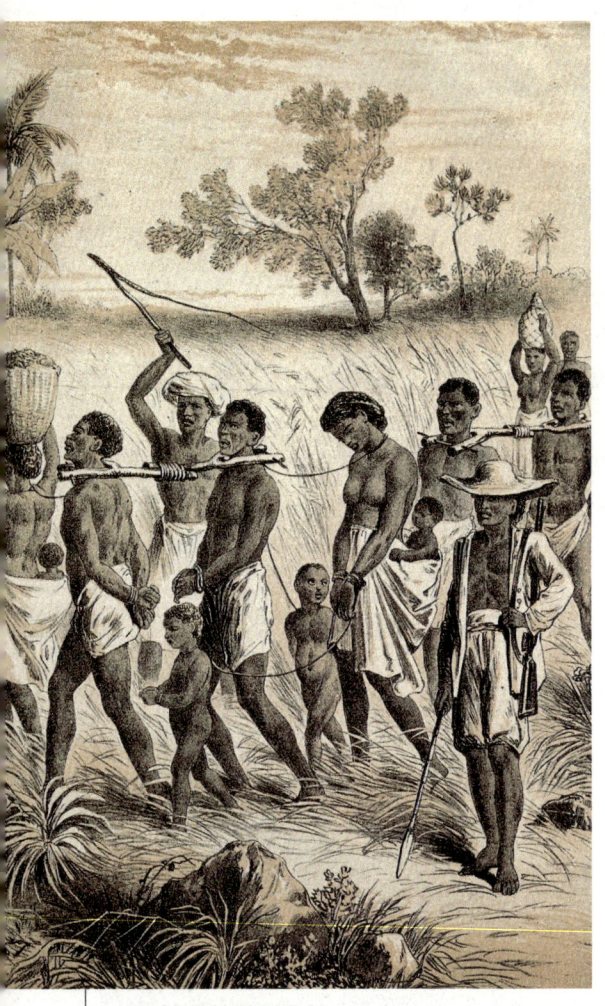

灵魂而言，他们是异教徒，没有明确、光明的神圣信仰。至于他们的肉体，因为他们像牲口一样生活，所以没有任何有理智的人所具有的习惯——他们不知道面包和酒，没有衣服穿，也没有房子住。而且，更糟的是，由于他们的极度无知，他们不懂得美德，只知道像野兽一样懒惰地生活。"

向美洲贩卖奴隶

基于"解脱"黑人的救赎思想，加上奴隶贸易的经济效益，在1510年，葡萄牙人向美洲运送了第一船非洲奴隶。

这次冒险非常成功，因为南北美洲的甘蔗种植园迫切需要劳力。奴隶市场几乎不受任何限制，其他几个国家也卷入了这一奴隶贸易，以便分享丰厚的利润。奴隶贸易的控制权就是世界海权的变换：16世纪的葡萄牙，凭借强大的海军战斗力，控制着奴隶贸易；到了17世纪，荷兰崛起，这个权力由荷兰接手；到了18世纪，则由英国掌控。

奴隶贸易也成为三角贸易

奴隶贸易所走的航海路线是个典型的三角航线，因此也被称为三角贸易。

第一段航程：满载货物的船只从起点驶向非洲，通常这时装载的是盐、布匹、火器、五金、玻璃用品和朗姆酒等。

第二段航程：这些船只边走边进行贸易，到达非洲时将非洲当地人由内地运到沿海地区，然后再把他们装进条件

❋ [押送中的奴隶]
在捕捉奴隶时，欧洲人并不会因为奴隶的年纪、性别而区别对待，无论男女老幼，一律抓走。

❋ 据统计，从非洲运往美洲的黑奴累计有1000余万人，其中16世纪被运来的奴隶有90万，17世纪有300万~400万，18世纪则剧增到了700万，在这300年间，平均每年约有8万多黑奴经过死亡航线来到美洲。而每一个成功抵达的黑奴背后，往往会有10个左右黑人牺牲，也就是说因为奴隶贸易近代非洲损失了约1亿人口。

❀ [处理烟草的奴隶]

❀ [反奴隶贸易的海报——Am I not a man and a brorthor?]

❀ 贩子在购买黑奴时也是有要求的，比如最好是年轻、漂亮的男性奴隶，年龄 19～35 岁，体格健壮、没有残疾，没有一颗牙齿掉落，这就是当时奴隶贩子们对"漂亮的黑奴"的定义。如果是女人则会以较低的价格卖给贵族家做佣人，小孩买的人最少。

恶劣的船舱，越过大西洋，到达美洲。

第三段航程：到达美洲之后，这些奴隶不会立即被出售，而是被圈养起来零售。通过售卖黑奴获得的利润再换成美洲盛产的糖、糖浆、烟草和稻米等，运回本国。

历史上很长一段时间，欧洲各国都是黑奴贸易的利益既得者，所以都支持奴隶贸易。比如，在 18 世纪，利物浦和布里斯托尔这样的城市主要是依靠奴隶交易繁荣起来的。人们建造了很多酒厂，为贩奴船提供酒；英国的毛织品以及棉纺品也大量运往非洲；冶金工业提供了镣铐、锁、铁条和各类枪支……

奴隶贸易为欧洲带来了繁荣，留给非洲的却是巨大的人口损失、长期的动荡，加剧了非洲贫困落后的局面，至今也难以改变。

黑死病横行
十/字/军/带/回/的/灾/难

14世纪的欧洲经历了一次历史上最为严重的黑死病瘟疫的蔓延，仅1347—1353年，黑死病就夺走了2500万人的性命，占当时欧洲总人口的1/3。

[埋葬感染瘟疫的死者]

黑死病是一种非常严重的瘟疫，致病菌是鼠疫杆菌，死亡率极高。在历史上共有3次鼠疫瘟疫，最严重的一次就是发生于14世纪的欧洲的黑死病。在黑死病蔓延的1347—1353年，短短几年时期，竟夺走了2500万人的性命，占当时欧洲总人口的1/3。这个数字何其恐怖，因为第二次世界大战死亡的人口数才占总人口数的5%。

黑死病随着十字军回程的脚步在蔓延

黑死病起源于中亚，1347年由东征的十字军带回欧洲，并随着十字军回程

[黑死病横行时欧洲流行的漫画]
黑死病横行的欧洲,处处充斥着死亡的气氛,所以中世纪时这种绘画成为常见的主题。

> 黑死病蔓延范围令人意想不到,因为它的确曾经到达过冰岛,但并不是在14世纪鼠疫席卷欧洲大陆的高峰期,而是足足迟了近百年,在15世纪才姗姗来迟。

> 1467年,俄国死亡12.7万人。
> 1348年,德国编年史学家吕贝克记载死亡了9万人,最高一天的死亡数字高达1500人。

蔓延扩散。十字军由意大利南部西西里岛的港口墨西拿靠岸,然后11月到了北部的热那亚和法国地中海的马赛;1348年1月传到威尼斯和比萨,3月到达佛罗伦萨;然后经由马赛传到法国,8月攻克伦敦、法兰克福;1350年抵达汉堡、不来梅……黑死病又转向了北欧、东欧,1353年它来到了俄国,结束了它这次触目惊心、血腥的征程。

黑死病肆虐伦敦

黑死病所到之处,一片狼藉。英国王室为了避灾,逃出伦敦。伦敦市的有钱人举家搬迁,没钱的人也匆匆逃往乡下。黑死病肆虐之时,伦敦城有1万余间房屋被遗弃,没有病人的家庭用松木板把门窗钉死;有病人的家庭则用红粉笔在门上或者墙上打上十字标记。

据说当时还在读大学的牛顿,也因黑死病而从剑桥大学辍学了一阵子。

挡住了人,却挡不住老鼠

面对黑死病,14世纪的威尼斯人最先想出了当时最为聪明的隔离措施:不准有疫情船只的船员登陆,船员须在船上隔离40天。但他们并不知道黑死病是因为老鼠导致的,鼠疫病菌才是黑死病的病因,而这一事实直到1898年才被发现。虽然这一举措挡住了人,但是挡不

> 在1348—1352年间,黑死病把欧洲变成了死亡之地,它造成了欧洲1/3的人口死亡,总计约2500万人!在其后300年间,黑死病不断造访欧洲和亚洲的城镇,威胁着那些劫后余生的人们。

住老鼠登陆威尼斯的土地。

意大利和法国受灾最为严重

这一次大瘟疫中，意大利和法国受灾最为严重，仅有少数的国家，比如波兰、比利时幸免于难。细数受灾的城市，佛罗伦萨有80%的人口死亡，而位置稍北一点的米兰却分外幸运地成为少数几个未感染的城市之一。

祸及犹太民族

黑死病的肆虐，致使欧洲大伤元气，无论是在政治、经济还是社会方面都引发了巨大的变动。大瘟疫引起大饥荒，盗贼四起，也因此祸及犹太民族。比如当时兴起了一波又一波迫害犹太人的浪潮，理由是犹太人到处流动，传播瘟疫并四处投毒。仅在德国的美因茨，就有1.2万犹太人被作为瘟疫的传播者而活活烧死；而在斯特拉斯堡城内，又有1.6万犹太人被杀掉了。

经历黑死病后的欧洲，经过了很长一段恢复、发展时期，这个时期欧洲人不仅推动了科技的发展，还打击了天主教的神权统治，对文艺复兴、宗教改革产生了重要影响，从而改变了欧洲文明发展的方向。

> 瘟疫医生是个危险的职业，鸟嘴面具就是瘟疫医生必备的装备，这个面具是由法国医生查尔斯·德洛姆于1619年发明的。

[鸟嘴医生]

鸟嘴医生会从头到脚披上防油布制成的大衣，将双手用巨大的手套包起来，戴着帽子。脸藏在鸟嘴面具里，面具里有棉花等填充物起过滤空气的作用。填充物还包括一些芳香物质，包含龙涎香、蜜蜂花、留兰香叶、樟脑、丁香、鸦片酊、没药、玫瑰花瓣以及苏合香。这些物质被认为可以保护医师免受瘴气的侵害。眼睛由透明的玻璃护着。

> 鸟嘴面具后来传入威尼斯。威尼斯狂欢节最大的特点就是它的面具和华丽的服饰，男女老少不分贵贱，在面具背后社会差异好像一下子消失了。鸟嘴面具也渐渐成为威尼斯狂欢节诸多面具中的主角之一。

詹姆斯·林德用橙子治好坏血病

改/变/航/海/史

其他事件

对于早期的航海者来说，坏血病要比海盗或者恶劣天气更为可怕，因为一旦出现牙齿松动、皮肤长黑斑、内出血的状况，他们就会在几天内痛苦地死去。

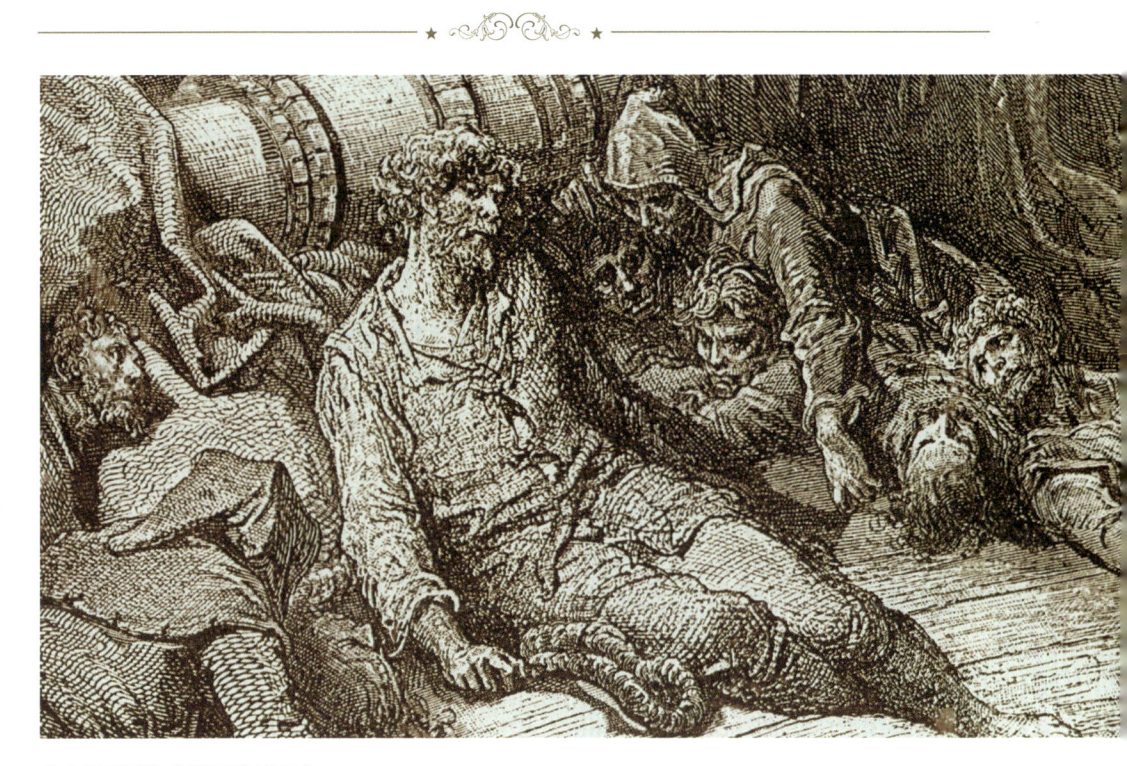

❋ [得了坏血病等死的船员]

❋ 为了治疗坏血病，欧洲人试了各种各样的办法，放血疗法、用动物血液洗澡、喝糖蜜、锻炼身体等，人们把能想到的办法都试了一遍，虽然确实有些奇迹治愈的病例，但更多的却是病情更加严重，所以谁也不能确保哪种方法绝对有效。

橙子是如今常见的水果，其加工方式也是多种多样，比如榨成橙汁、煮成果酱等。但在几个世纪之前，柑橘类水果的益处还不为人知。詹姆斯·林德的研究改写了历史，并且有效地减少了因坏血病而导致船员死亡的事例。

发现橙汁的特效

1593 年，英国船长理查德·霍金斯呼吁道："坏血病是大海上的瘟疫，水手的噩梦，应当有个学识渊博之人描写一下这种疾病。"一名来自爱丁堡的绅士詹姆斯·林德完成了这项工作。

1739 年，林德首次登船出海，身份是医生助手。在林德的首次航海之旅中，他到了地中海以及更远的西印度群岛，并成功完成了这次旅程中的任务。1747 年，已在"皇家索尔兹伯里"号上升职为医生的林德试验了多种治疗坏血病的方法。他选中 12 名患上此病的水手，分别让他们服用大蒜、蘑菇、山葵、苹果酒、海水、橙汁以及柠檬汁。其中服用了橙汁的病人几乎一夜之间就痊愈了，这给林德 1753 年写作《坏血病概论》提供了素材。他所提出的有关柑橘疗法的建议过了一段时间才为英国海军高层所知。林德关于坏血病的治疗方法，使得航海者们不再惧怕远航，从此这种威胁船员生命的疾病不再变得可怕。

库克船长与坏血病

1769 年，库克船长乘坐"皇家奋进"号执行完海上逾 5000 千米的海岸线探险任务后回国。

"皇家奋进"号是一艘约 32 米长的三桅帆船，船上载着船长詹姆斯·库克以及 94 名乘客和船员。除了其中两个

> 其实，在哥伦布发现新大陆的 60 年前，大明帝国的郑和舰队也有长达几年的航行，但是并没有出现坏血病疫情。
> 这是因为我国人重视饮食，每次出航前都要在船上搭载相当数量的绿茶当饮料，而这种茶叶富含维生素C。并且，中国人还擅长泡菜，掌握了蔬菜长期保存的技术，甚至还会用豆子在船上萌发豆芽食用。这些习惯都使得中国人巧妙地避免了坏血病的困扰。

[预防坏血病的先驱－詹姆斯·林德]

> 如今坏血病成为描述地理大发现时代的专业名词。很少有人知道，这个对现代人毫无威胁的病症，竟然夺走了数百万先人的生命。

人之外，船上所有人的健康状况都非常好，这在当时来说，是一件异乎寻常的事情。

这是因为库克船长根据林德的建议，安排船员在饮食中加入了柑橘类水果和德国泡菜，这种权宜之计成功地保护了大部分船员免于遭受坏血病之苦。

《海权论》的出版

谁/控/制/海/洋，/谁/就/控/制/了/世/界

《海权论》主张拥有并运用具有优势的海军和其他海上力量去控制海洋，以实现己方战略目的。

著作《海权论》于1890年在美国出版，此书一经出版，即引起关注，美国、日本、德国与苏联等国都先后将其作为制定国家发展战略的方向指导。该书作者是阿尔弗雷德·塞耶·马汉，他的作品被公认为"比一支联合舰队更为强大有力"，甚至连美国总统罗斯福都说马汉是"美国最伟大、最有影响的人物之一"。

[首次出版的《海权论》-第一部]

阿尔弗雷德·塞耶·马汉

马汉出生于1840年，他的父亲是美国西点军校工程学和土木工程学的教授，马汉本人毕业于设在安纳波利斯的美国海军军官学校，后来成为一名职业海军军官。他曾参与过南北战争，但是并不是一线战士，其作战经验颇为有限。

马汉曾在1883年奉命写了一些关于海湾与内陆河流的书，讲述的是美国南北战争期间的海军战史，此书并未引起人们的注意。

之后，马汉调任国防学院，然后在休假期间整理了大量资料，几年后出版了著名的《海权论》。

海权论

谁控制了海洋，谁就控制了世界。

《海权论》中明确提出，自有史以来，海权都是统治世界的决定性因素，任何国家要称霸世界，使国家达到最大限度的繁荣与安全，控制海权为首要之务。陆权国家，如果没

> 马汉的"海权理论"形成并公之于众，是在19世纪末和20世纪初，由系列著作组成，主要包括1890年出版的《海权对历史的影响，1660—1783》，1892年出版的《海权对法国革命及帝国的影响，1793—1812》，以及1905年完成的《海权的影响与1812年战争的关系》等书。这三部著作被称为马汉"海权论"三部曲。此后出版的《美国的海权利益》等书也影响巨大。后人提及或出版马汉的"海权论"，基本都包括上述内容。

其他事件

[阿尔弗雷德·塞耶·马汉]

作为世界上第一个详细梳理海权概念的人，马汉把海上利益（sea interest）、海上霸权（sea hegemony）、海上力量（sea power）这些概念相关的含义糅合成为其所谓的海权（sea power），进而推演出依靠海军强大实现这样的"power"的路径。

有出海口，无论其国土如何广袤，最终难免于衰亡的命运。一个国家如果能用海军力量控制了海上通道，并保持强大的商船队，则全世界的财富资源，便都可以供他役使。

马汉在书中详细地分析了影响海权的要素，并借鉴历史分析道：在战时，海权取决于政府的态度，在建造、装配、并适当地维护"一支武装的海军，其规模与航海和航运等利益相称"。同样重要的是"保持适当的海军基地遍布在全世界相距遥远的地方，如此则为商船队提供武装保障"。

《海权论》一出版，就刺激了当权者的敏感神经。比如在英国、德国和美国，书中的理论被媒体频繁引述。如英国是这样评论《海权论》："犹如火上浇油一样，使每一个地方扩张殖民地的主张都振振有词。"

马汉的《海权论》是在美国资本主义开始进入垄断阶段时产生的，它适应了美国垄断资本重新瓜分世界的政治需要，成为当时美国政府制定海洋政策和海军发展政策的理论依据，并对其他海军强国的海洋战略产生重大影响。

《海权论》对于德国和日本的刺激作用也非常明显。有传记作家曾写道："有充分的证据显示，马汉在临终前的几个月中，为了战争（第一次世界大战）深感烦恼，因为他自己在无意中刺激了德国海军的成长。"在日本的情形也相差不多。

虽然《海权论》对于海洋理论分析得有理有据，但是也包含着强权色彩以及对于地理大发现时期建立殖民地、半殖民地的溢美之词，但是不可否认，其对于走向海洋，尤其在扩展国家主权和权益的内涵方面都存在相当重要的意义。

❋ 1910 年，老罗斯福当选美国总统后，极受马汉海权思想之影响，致力发展海权。除舰队的扩建及积极夺取太平洋各战略岛屿外，还开凿并控制巴拿马运河及加勒比海之战略海上基地，成为当今海权霸主。

❋ 英国对马汉的海权思想推崇备至，在 1889 年英国政府提出海军扩充计划时，马汉的理论成了最强力的辩护理由。

❋ 德皇威廉二世及海军部长冯·提尔皮茨亦深受马汉影响，致力发展海军，但德国却忽略了马汉的一项重要训条："一个国家无法同时发展陆权与海权"，导致德国陆军反而受经费影响而降低了战力。

摩纳哥海洋博物馆
世/界/上/第/一/座/海/洋/博/物/馆

摩纳哥的海洋博物馆拥有世界上最大的珊瑚礁：在 400 立方米水池中有鲨鱼、大鳐鱼、众多的热带鱼和活珊瑚可供观赏，还拥有世界上独一无二的鲨鱼礁湖，而建造它的则是一位深爱大海的国王。

摩纳哥海洋博物馆位于摩纳哥王宫附近，建成于 1910 年，在阿尔贝一世国王发起创建这个博物馆时，就强调了博物馆的科学性。阿尔贝一世曾说："我打开摩纳哥海洋博物馆，并将它移交给进行科学研究的人们。通过具有开拓性的发展，摩纳哥将成为世界海洋研究中心。"

摩纳哥海洋博物馆的建筑别具一格，馆内一切展品都会使人联想起大海，所有雕塑品及装饰物都以海洋动物的形态展现在人们面前。博物馆大门上面，雕塑着神话中的人鱼公主和海神、海兽及海鱼，电灯的吊架被制成水母形状或其他海洋动物的形状。大门入口处立有阿尔贝一世站在快艇上破浪前进的塑像。

摩纳哥海洋博物馆是国际海洋学会会址，也是召开国际性海洋学研讨会的重要场所。

❀[邮票上的阿尔贝一世和他的探险船]

"瓦德兹"号油轮的灾难
最/严/重/的/海/洋/原/油/污/染

在石油生产、运输、炼制过程中，由于事故导致的石油溢出或排放而对海洋造成的污染，称为石油污染。海洋中贮存了大量的资源，一旦发生石油污染，将对海洋生态造成无可挽回的破坏。

❧ ["瓦德兹"号油轮]
"瓦德兹"号油轮离开瓦迪兹港后，在布莱礁上搁浅时的照片。

1989年3月24日，埃克森公司的一艘名为"瓦德兹"号的油轮触礁搁浅，造成严重的原油泄漏事故，导致美国阿拉斯加州沿岸几百千米长的海岸线遭到严重污染，数以千计的海鸟和水生动物丧生，大约1万渔民和当地居民赖以生存的渔场和相关设施被迫关闭，鲑鱼和鲱鱼资源近乎灭绝，几十家企业破产或濒于倒闭。这次事件被公认为1989年重大国际性事件之一。

因此，此次事件的受害者集体向美国联邦法庭提出了诉讼，要求肇事者支付总值150亿美元的经济损失赔偿和带有惩戒性质的罚款。5年后，1994年9月美国阿拉斯加州的联邦法院，就埃克森公司造成美国历史上最严重的海洋污染事件，判处埃克森公司50亿美元的罚款。此事件后，海洋的石油污染问题引起全世界各界人士的关注和重视。

❧ 1989年3月，美国埃克森公司"瓦德兹"号油轮在阿拉斯加州威廉王子湾搁浅，泄漏5万吨原油。沿海1300千米区域受到污染，当地鲑鱼和鲱鱼近乎灭绝，数十家企业破产或濒临倒闭。这是美国历史上最严重的海洋污染事故。

❧ 1991年的海湾战争造成的输油管溢油，使200多万只海鸥丧生，许多鱼类和其他动植物也在劫难逃，一些珍贵的鱼种已经灭绝，美丽丰饶的波斯湾变成了一片死海，海洋石油污染对海洋生态系统的破坏是难以挽回的。